THE BOMBER MAFIA

A Dream, a Temptation, and the Longest Night of the Second World War

[加]
马尔科姆·格拉德威尔
（Malcolm Gladwell）著
肖青芝 译

战争与沉迷

梦想、诱惑与二战中的漫长黑夜

中信出版集团｜北京

图书在版编目（CIP）数据

战争与沉迷：梦想、诱惑与二战中的漫长黑夜 /（加）马尔科姆·格拉德威尔著；肖青芝译 . -- 北京：中信出版社，2022.10

书名原文：THE BOMBER MAFIA

ISBN 978-7-5217-4760-7

Ⅰ . ①战… Ⅱ . ①马… ②肖… Ⅲ . ①第二次世界大战－史料 Ⅳ . ① K152

中国版本图书馆 CIP 数据核字（2022）第 170857 号

战争与沉迷——梦想、诱惑与二战中的漫长黑夜
著者：［加］马尔科姆·格拉德威尔
译者：肖青芝
出版发行：中信出版集团股份有限公司
（北京市朝阳区惠新东街甲 4 号富盛大厦 2 座　邮编　100029）
承印者：北京诚信伟业印刷有限公司

开本：880mm×1230mm　1/32　印张：6.5　字数：137 千字
版次：2022 年 10 月第 1 版　印次：2022 年 10 月第 1 次印刷
京权图字：01–2022–5563　书号：ISBN 978–7–5217–4760–7
定价：59.00 元

服务热线：400–600–8099
投稿邮箱：author@citicpub.com

马尔科姆·格拉德威尔还著有

《陌生人效应》

《逆转》

《大开眼界》

《异类》

《眨眼之间》

《引爆点》

所获赞誉

扣人心弦……格拉德威尔是一个很会讲故事的人……在他的巧妙构思中，二战中的空军将领们复活了……我非常喜欢这本书，如果它的篇幅再长一些，我会更开心。

——托马斯 · E. 里克斯（Thomas E. Ricks），《纽约时报书评》

这本书发人深省、通俗易懂，讲述了人们在困难时期如何应对艰难的选择……格拉德威尔轻松的谈话风格很好地发挥了作用，他对“轰炸机黑手党”的钦佩之情溢于言表，他对个人的描绘引人注目。

——戴安娜 · 普雷斯顿（Diana Preston），《华盛顿邮报》

《纽约时报》畅销书作者马尔科姆 · 格拉德威尔的书非常引人注目，他平易近人，讲故事的风格很有特色。

——姿碧 · 欧文斯（Zibby Owens），《早安美国》

一个关于坚持、痴迷、创新和不可估量的战争代价的引人入胜的故事……这本书着眼于二战中最大的道德挑战之一。

——迈克尔 · 刘易斯（Michael Lewis），播客“反对规则”

马尔科姆·格拉德威尔是那种难得一见的作家……他有一种离奇的方式，在故事中寻找故事，并指出隐藏在故事中的重要教训。

——布莱恩·艾略特（Bryan Elliott），美国 INC 商业报刊媒体网

优秀的修正主义历史……另一部格拉德威尔的“你以为你知道的一切都是错的”。

——《科克斯书评》（星级书评）

精彩的寓言……就像格拉德威尔一贯的那样……故事可以归结为处于危机时刻的人……书和寓言同样依赖于它们的叙事方式和信息。作为一本不是纯粹讲战争的书，这本书也非常精彩。

——詹姆斯·麦康纳奇（James McConnachie），
《星期日泰晤士报》

关于二战中最致命的空袭是如何发生的，格拉德威尔讲述了一段发人深省的逸事……他提供了大量丰富多彩的细节，并提出了关于战争道德的有趣问题……读者们将品味到“技术如何偏离其预期的道路”的深刻见解。

——《出版人周刊》

梦想

诱惑

推荐序

可能一些读者的童年回忆中都有一部宫崎骏的好友高畑勋的动画《萤火虫之墓》，一方面，你可能会觉得侵略者终于自食恶果，日本人发动的对平民的区域轰炸经过了“输出欧洲”，即纳粹实施伦敦大轰炸，英国回报以科隆、德累斯顿大轰炸，数万平民丧生火海，如今发生在了日本人的身上；另一方面，看到清太与节子兄妹在轰炸中成了孤儿，最后因饥饿而生病直至死亡的过程，我们又深感战争的残酷，不禁落泪。

但其实这背后掩藏着一个故事，清太与节子的悲剧似乎可以避免，因为美军中有一群人，他们怀揣着在战争中尽量避免平民伤亡的梦想，相信可能仅凭空军取得战争的胜利，可避免一战那样死伤3 700万人的壕沟战，也可以靠精确轰炸和战略轰炸炸毁敌方的基础设施、工厂和军事目标，使对方因失去战力而投降。格拉德威尔的《战争与沉迷》就讲了这群被称为“轰炸机黑手党”的人的理想与失落。

格拉德威尔是一个具有复杂思维的畅销书作家，我们的头脑中常有一些认为理所当然的道理，他却能看到其对立面，看到阴中有阳、阳中有阴。我在"樊登读书"中曾导读他的《异类》一书，我们习以为常地认为一个人的成功和他的努力、勤奋与天资联系在一起，他却指出一个人的原生家庭、他所处的时代、他所具备的某些族群特质是其不可控制的，那是面对外在环境的"大势"，在这个人成就自我的道路上发挥着更大的作用。格拉德威尔的《逆转》一书则让我们看到以少胜多、以弱胜强其实是高频率的事件，重点是不要在大家认为理所当然的情境中打一场别人设定规则的仗。他的《引爆点》一书则陈述了复杂系统的演化要摆脱线性思维，因为它经常是在过了引爆点后呈指数函数地演化。凡此种种，格拉德威尔总能以生花妙笔、翔实而精彩的事例让我们看到事情的另一面。

在这本书中，格拉德威尔不再做社会学、心理学的研究，而开始写历史，那么他想让我们看到二战时期对德国和日本的大轰炸中什么样的另一面呢？

故事开始于1945年1月6日，在关岛，汉塞尔将军把轰炸日本的任务交给了李梅将军，这一天决定了两个月后清太与节子的命运。

汉塞尔将军是"轰炸机黑手党"的一员，他相信科技，有人道关怀，怀理想主义，采用了先进的投弹瞄准器，在实验条件下确实可以把炸弹从3万英尺的高空精准投放在15平方英尺的范围内，但现实是大轰炸机机群的投弹手多是新兵，日本上空又总是云层密布，超长距离飞行途中意外重重，最后规划了一系列战略打击目标却很难按计划实现。他们曾有一次派出 92 架 B-29 轰炸机飞往日本实施空袭，最后只有 1 颗炸弹命中目标工厂。

李梅将军则刚好相反，他是一个实用主义者，在一片困顿中没有计划，只说我们必须做些事情，目标就是东京。他使用了凝固汽油弹，结果就是我们今天看到的东京大轰炸那段历史，地狱般的大火在 67 座城市熊熊燃烧。等到 7 个月后更残酷的原子弹爆炸时，纯以空军取胜的梦想实现了，日本投降。李梅的支持者坚信，他的行动避免了美军登陆日本时可能造成的 50 万士兵伤亡，以及倘若日本实施“一亿玉碎”计划可能引发的更多的平民死伤。

历史总是吊诡的，理想者的梦破碎了，而这梦却在对立面实现了。

这本书的最后让我们看到一些没说出口的隐喻。李梅后来主持发展了美国空军的战略轰炸，日本还授予他“勋一等旭日大绶章”，但他和他的继任者——越南战争中地毯式轰炸的执行者麦克纳马拉，却难免“屠夫”的讥讽。更吊诡的是，美国军队一路在追寻汉塞尔将军的想法，研制精确制导武器——从炮弹到炸弹，再到巡航导弹，在两次伊拉克战争和阿富汗战争中真正做到了一开战就使对方的有生战力瘫痪，达成迅速占领的目的。“轰炸机黑手党”的梦想在二战中事与愿违，以失败告终，却成了未来战争的指路明灯。

不过，这本书中没写，读者们却又都知道了历史上另一个更大的吊诡事件，那就是纯以空军取胜的梦想并没在伊拉克战争和阿富汗战争中实现，美军还是要出动地面部队占领敌国，而且十年后又仓皇撤离。

或许人道主义的理想在战争过程中从不可能实现，只能在预防战争的过程中实现。会不会不伤及平民就能在战争中取胜的“理想”反而引发了更多的战争？科技常常使人们得到它的反面结果，理想常常铸就它对立的结局，反而是它的对立面成就了这个理想。

历史常有另一面，格拉德威尔的这本书能帮助我们思考。

清华大学社会学系教授、博士生导师

罗家德

2022 年 9 月 4 日

序 言

当我父亲还是个小男孩的时候，夜里躺在床上的他常能听到飞机飞过的声音，之后，飞机又在凌晨时分飞回德国。这一切发生在英国伦敦东南几英里外的肯特郡。我父亲出生于 1934 年，这意味着第二次世界大战爆发时，他只有 5 岁。当时，英国人称肯特郡为“炸弹巷子”，因为那里是德国战斗机飞往伦敦的必经之地。

那个年代，如果轰炸机飞行员没能找到自己的轰炸目标，抑或轰炸机携带的炸弹还有剩余，飞行员便会在回程途中随便找个地方把它们扔下，这样的事情并不鲜见。一天，一颗炸弹就这样落在了我祖父母家的后花园，直挺挺地半埋在那里，没有爆炸。我想，如果你是一个对机械装置感兴趣的 5 岁男孩，看到后院竖着一枚未爆炸的德国炸弹，我可以毫不夸张地说，这将是你所能想象到的最不寻常的经历了。

我父亲可不会这样描述。他是位数学家，还是个英国人，这意味着对他来说，吐露情感的语言可不像自己的母语一样能脱口而出，相反，它更像是法语或拉丁语——可以学习和理解，但永远无法运用自如。因此，在一个5岁的孩子看来，在自家后院发现一枚未爆炸的德国炸弹是最不寻常的经历，这是父亲给5岁的我讲炸弹故事时我的理解。

那是20世纪60年代末，当时，我们住在英国南安普敦，这个国家所经历的一切仍历历在目，随处可寻。如果你去伦敦，你仍然可以清晰地辨别炸弹曾落在哪里，它们落下的地方都会有一座拔地而起的面目可憎的建筑物，而这些建筑物的所在之处是有几百年历史的街区。

在那些日子里，家里总是全天播放BBC（英国广播公司）电台，似乎每隔一段时间就会有一次对老将军、伞兵或战俘的采访。我小时候写的第一部短篇小说是关于希特勒其实还没有死并再次进犯英国的故事，我把它寄给了家住肯特郡、后花园有一枚未爆炸的炸弹的祖母。母亲得知此事后，不由得责备我说：一个经历过战争的人可不会喜欢希特勒卷土重来的故事。

有一次，父亲带我和我的兄弟们去海边，那是一个可以俯瞰英吉利海峡的地方。我们一起爬过一处二战时期旧防御工事的遗迹。我仍然记得当时的那种兴奋感，我非常期待能发现一些旧子弹或一个弹壳，甚至是某个失踪已久却恰巧被冲上岸的德国间谍的尸骨。

依我所言，童年时期令我痴迷不已的东西，现如今仍然深深地吸引着我。我总是开玩笑说，只要是涉及“间谍”的小说，我就一定读过。几年前的一天，我看着书架，突然发现——我自己也大吃一惊——自己收集的关于战争的非小说类图书竟然如此之多：既有关于大历史的畅销书，也有一些专业的历史图书；既有绝版的回忆录，也有学术论文合集。这些书大多是关于战争的哪个方面的呢？轰炸。例如，史蒂芬·布迪安斯基（Stephen Budiansky）的《空军实力》（*Air Power*）、塔米·戴维斯·比德尔（Tami Davis Biddle）的《空战中的说辞与现实》（*Rhetoric and Reality in Air Warfare*），以及托马斯·M. 科菲（Thomas M. Coffey）的《关于施韦因富特的决定》（*Decision over Schweinfurt*），整个书架都是这种历史书。[①]

通常情况下，当我开始收集某一主题的相关图书时，那一定是因为我想写一些关于这个主题的东西了。我有很多社会心理学的书，因为我以此谋生。但我没写过多少关于战争（特别是关于第二次世界大战，或更具体一些，关于空军轰炸）的东西，仅有零零散散的只言片语罢了。[②] 为什么呢？我自己也没有答案。我想，研究弗洛伊德精神分析法理论的人或许对这个问题感兴趣。但也许更简单的答案是，一个主题在你心目中的地位越重要，你

---

① 我想说的还有很多。例如，如果你没读过罗伯塔·沃尔斯泰特（Roberta Wohlstetter）的《珍珠港：预警与决策》（*Pearl Harbor: Warning and Decision*），那么你算是错过了一场真正的阅读盛宴。

② 在我的播客《修正主义历史》（*Revisionist History*）中，有几集一直在聊空军轰炸的话题，包括“西贡 1965”（Saigon 1965）、“首相与教授”（The Prime Minister and the Prof）及第 5 季中以“轰炸机黑手党”（The Bomber Mafia）开始的同名系列剧。

就越难找到一个你想讲述的故事，因为你对自己的要求更高了。这让我想到了你现在正在读的这本书，我很高兴地对大家说，这本书使我发现我已经找到一个值得自己痴迷的故事。

最后，说一下我为什么使用“痴迷”这个词。我写这本书是痴迷作祟，但它也涵盖了让其他一些人痴迷的事物，以及20世纪最令人痴迷的事物之一。回顾这些年来写过或探讨过的人物，我发现自己总是一次又一次地被那些对某事如痴如醉的人吸引。我喜欢他们，因为我觉得如果一个人可以摒弃烦琐的日常生活与无端的忧虑，只专注于一件事——他可以尽情遐想的事，是个多么美妙的主意。痴迷有时会使我们一叶障目、误入歧途，仅效命于一己私利。但我认为，如果没有痴迷者，那么进步、创新、快乐或美便无从谈起。

向美国军方汇报本书的内容时，我曾与时任空军参谋长戴维·戈德费恩共进晚餐，就餐地点选在了迈尔-亨德森联合基地营区内部的高官府邸“空军之家”。迈尔-亨德森联合基地位于弗吉尼亚州北部的波托马克河边，与华盛顿特区隔河相望。“空军之家”是一座宏伟的维多利亚式建筑，在同一街道上，维多利亚风格的建筑还有很多，许多美军高官都住在这里。晚饭后，戈德费恩将军还请来了他的几位朋友和同事——同是空军高官，加上我共有5人，我们一起来到将军的后院落座。除我之外，这些人几乎都曾是军事飞行人员，其中几人的父亲也曾是军事飞行人员。他们也是你将在本书中读到的许多人物原型的现代版。夜幕降临，我开始注意到一个现象。

“空军之家”离里根国家机场不远，每隔10分钟左右就会有一架飞机从我们头顶上掠过，它们并无任何特别之处，因为都是飞往芝加哥、坦帕或夏洛特的标准商用客机。但每当飞机从上空飞过，将军和他的战友们都会抬头看一眼，他们这样做纯属情不自禁，因为我们都一样，皆痴迷于此。

前　言

更换指挥官

1

曾经有一段时间，世界上最大的机场就坐落在西太平洋中部、距离日本海岸约 1 500 英里[①]的马里亚纳群岛中的一个热带岛屿上。马里亚纳群岛位于海底山脉的最南端，那是一些从深海水域中探出海面的火山顶，其中最重要的岛有关岛、塞班岛和天宁岛。在其历史上的大部分时间里，外界都以为马里亚纳群岛太小了，小得一无所用。但到了空中力量施展身手的年代，它突然变得举足轻重。

在第二次世界大战的大部分时间里，马里亚纳群岛都为日本人所掌控，但在一场残酷的战役之后，它于 1944 年夏落入美

① 1 英里 ≈1 609 米。——编者注

军之手。美军先在7月占领了塞班岛，又在8月拿下了天宁岛和关岛。当海军陆战队登岛时，“海蜂”部队（美国海军土木工程部队建筑营）也一同来到这里，马上全力以赴地开始了自己的工作。

短短3个月内，一个完整的空军基地（艾斯里机场）就在塞班岛上全面投入使用。之后，世界上最大的机场——天宁岛上那个有4条8 500英尺①长跑道的北方机场，以及关岛上美国空军通往远东的门户——现在的安德森空军基地，也相继投入使用。再之后，飞机进驻。

彼时，罗纳德·里根常解说战争电影。在他解说过的电影中，有一部专门讲述了B-29轰炸机首次执行任务的经过。B-29轰炸机又被称作“超级空中堡垒”，里根将这种酷似巨大飞艇的轰炸机描述为世界奇迹之一：

> 搭载4台发动机，每台功率高达2 200马力；油箱容积与铁路油罐车的油箱容积相当；尾翼高耸，伸向空中，足有两层楼高；机身比轻型巡洋舰还长。它被设计得能携带更多的炸弹，并能带着它们飞得更高、更快、更远，航程超过以前制造的任何一架轰炸机，它的使命就是为了完成这种任务。[1]

B-29轰炸机比世界上其他轰炸机飞得更快、更高，更重要

---

① 1英尺≈0.304 8米。——编者注

的是飞得更远。其扩大的航程，加之美军对马里亚纳群岛的占领，意味着自太平洋战争开始以来，美国陆军航空队首次进入了对日本的打击范围内。为了管理驻扎在马里亚纳群岛的轰炸机机群，他们成立了一支特殊的部队——第 21 轰炸机司令部，由年轻有为的将军海伍德·汉塞尔（Haywood Hansell）负责指挥。

1944 年初秋到冬末，汉塞尔轮番发动进攻，数百架 B–29 轰炸机掠过太平洋水域，将满载的炸弹投向日本，再折回马里亚纳群岛。当汉塞尔领导的飞行员们准备动身飞往东京对其实施轰炸时，记者和摄制组从美国大陆飞过来，为国内民众记录了这一激动人心的时刻。

解说的还是罗纳德·里根：

塞班岛上的 B–29 轰炸机就像瞄准日本心脏的大炮……日本人想要抵挡这样的攻击，简直比让尼亚加拉大瀑布断流还难。第 21 轰炸机司令部整装待发，准备打击它的第一个目标。[2]

然而，在 1945 年 1 月 6 日这一天，汉塞尔的顶头上司劳里斯·诺斯塔德将军来到马里亚纳群岛。当时关岛的设施仍然相当简陋，总部只是一堆在俯瞰大海的悬崖边上建起的半圆形铁皮小屋。两人都显得疲惫不堪，不仅因为前线物资匮乏、生活困苦，也因为肩负着重大的责任。

我读过英国皇家空军的亚瑟·哈里斯将军写下的一段话，这段话告诉我们，在第二次世界大战期间，成为一名空军指挥官意味着什么：

我不知道，除了极少数有亲身经历的人，是否有人能体会到，在战争中指挥一支规模庞大的空军所要承受的可怕的精神压力。在一次战争中，一位海军指挥官可能最多只需指挥一两次重大行动；陆军指挥官每 6 个月，或在极其特殊的情况下，最多每个月指挥一次战斗；而作为轰炸机部队的指挥官，则要每 24 小时就全程指挥一次作战。这种日常的紧张感如果持续数年之久，承受的精神压力可想而知。[3]

此刻关岛上的汉塞尔和诺斯塔德也是如此，这两名陆军航空队将领早已厌倦战争，只希望能速战速决，早日获胜。汉塞尔提议带诺斯塔德快速参观一下：先站在海滩上，一边欣赏在丛林中开辟出来的全新的飞机跑道，一边讨论战术和计划。诺斯塔德推辞说他有更私人的事情要谈，接下来便是令海伍德·汉塞尔余生难忘的瞬间，诺斯塔德转向他，说："这行不通，你被淘汰了。"

"我觉得地面就像突然塌陷了一样——我完全崩溃了。"[4] 多年后，汉塞尔这样描述他当时的感受。接着，诺斯塔德又给了他更沉重的一击，他说："柯蒂斯·李梅会来接替你。"

柯蒂斯·爱默生·李梅将军时年 38 岁，在轰炸德国的战役中一举成名，也是他们那代人中极具传奇色彩的飞行员之一。汉塞尔曾和他一起在欧洲服役，对他的情况了如指掌。汉塞尔立刻明白，这不是一次正常的领导层重组，而是高层对自己的指责和彻底的冷落，它等同于华盛顿高层认为汉塞尔所做的一切都一文不值，因为柯蒂斯·李梅的主张总是和海伍德·汉塞尔背道而驰。

诺斯塔德提出，如果汉塞尔愿意，他可以留下来做李梅的副手。这让汉塞尔备感羞辱，一时语塞。诺斯塔德继续说，汉塞尔需要在10天内完成交接。闻此，汉塞尔神情恍惚，茫然离去。在关岛的最后一个晚上，汉塞尔比平时多喝了一点儿，酒至微醺后，在一位年轻上校的吉他伴奏声中，他为手下动情演唱："老飞行员永远不会死去，永远不会死去，他们只会飞……离……"[5]

柯蒂斯·李梅亲自驾驶一架B-29轰炸机飞到岛上进行交接。现场奏响《星光灿烂的旗帜》①，第21轰炸机司令部的飞行员们列队行进，接受检阅。一位负责公共关系的官员提议，李梅和汉塞尔拍张合影来纪念这一时刻。李梅当时嘴里叼着一支烟斗——他嘴里总是叼着一支烟斗，一时竟不知把它放在哪里才好，不断地试着往自己的口袋里塞。"将军，"副官说，"拍照的时候，请让我给您拿着烟斗吧。"[6]

李梅轻声问道："你想让我站在哪里？"[7]之后，照相机咔嚓一响，拍下了汉塞尔眯着眼看向远方、李梅俯视地面的画面。两个人一定都在想，只要不和对方在一起，去哪里都好。就这样，一切都结束了。

本书讲的就是在那一时刻发生的故事，并且还要讲述那之前

① 美国国歌，又译作《星条旗》，由英国作曲家约翰·斯塔福德·史密斯作曲，美国律师弗朗西斯·斯科特·基作词。——译者注

和之后发生的事情。因为那次指挥官的更换，在今天看来，仍具有十分重要的意义。

2

技术革命总有令我困惑之处，某个新想法或创新出现时，它将颠覆我们的世界，这一点无可辩驳，如互联网、社交媒体，还有更早的电话和汽车，它们的出现无不如此。人们心中往往有种期待：新发明会使一切变得更好——更高效、更安全、更富有、更快捷。在某些方面，它们确实做到了，但事情并不总是尽如人意。社交媒体一度被认为有助于普通民众推翻暴政而广受欢迎，没过多久，人们又因其会成为民众互相施暴的平台而担惊受怕。汽车带来的本应是人们出行的便捷和自由，在一段时间内确实如此，但随后数百万人发现自己住在了离工作场所数英里远的地方，在浩浩荡荡的通勤大军中陷入无休止的交通堵塞。为什么有时候由于一些偶然的、意想不到的因素，技术会偏离它的预期发展路径呢？

本书通过案例研究了梦想会如何背离初衷，探讨了当天赐良机时，我们为何无法把握住机会，而是任凭其破灭。我要讲的故事虽然主要发生在战争时期，但它并不是真正的战争故事，而是一个关于一位荷兰天才和他自己制造的计算机的故事。其中人物还包括：亚拉巴马州中部的一群兄弟、英国的一个精神病患者和在哈佛地下实验室里纵火的化学家们。这也是一个关于蓄谋制造混乱的故事，因为当我们回首往事时总是会忘掉这种混乱。

海伍德·汉塞尔和柯蒂斯·李梅的故事是本书所有内容的核心，两人均曾在关岛的丛林中一展身手，后来一人被遣送回家，另一个留了下来并制造了第二次世界大战中最黑暗的夜晚。想想他们的故事，然后问问你自己：如果是你，你会怎么做？你支持谁？

第一部分

梦想

第1章

诺登投弹瞄准器

1

二战前，当人们正担心这场全球规模的战争将在所难免时，一个不寻常的人物引起了美国军方的注意。

他就是卡尔·L. 诺登（Carl L. Norden）。此人一生深居简出，常独自一人埋头苦干，有时会在非常时期返回欧洲，在母亲家中的餐桌旁时而畅想、构思自己的发明创造，时而手持工具修修补补。他创立了一家拥有数百名员工的公司，却又在战争结束后毅然弃它而去。世上并无诺登的足本传记，也无其档案材料的只言片语[①]，更没有任何纪念他的雕像：他的祖国荷兰没有，他安度晚年的国家瑞士没有，他功成名就之地曼哈顿市区也没有。诺登改变了战争的进程，并点燃了一个持续了近一个世纪的梦想。看起来无人能够像诺登一样，给自己置身的世界留下如此浓墨重彩

---

① 2011 年，我做过一场关于诺登及其发明的 TED 演讲。

的一笔，此后又从公众视野中彻底消失不见。诺登就是这样一个人。在一本长达 352 页的讲述诺登发明的技术图书中，仅有一句这样的话献给他："诺登先生在车间工作时，总是怡然自得，有时一干就是 18 个小时。"[1]

仅此而已。

因此，在谈论诺登的梦想及其影响（对整整一代人的影响）之前，我们先来说说诺登本人。真正研究诺登生平的历史学家寥寥无几，史蒂芬 · L. 麦克法兰教授或许是唯一一位。我向他请教为何关于这位发明家的记录如此之少，教授回答说，这"主要是因为诺登要求绝对保密"。他继续描述道："是的，这个人极端易怒，自尊心比我'未遇见过的任何人'都强。我说'未遇见过的任何人'，当然是因为我与诺登也从来没见过面。"

诺登是荷兰人，出生于当时还是荷属殖民地的印度尼西亚。他曾在瑞士一家工厂的机械车间当了 3 年学徒，此后前往著名的苏黎世联邦理工学院求学并获得工程学学位，其间一度和无产阶级革命领袖列宁成为同窗。

诺登衣着整齐、风度翩翩，他身着三件套西装，白色短发中的一绺在额前翘起。他留着浓密的小胡子，浮肿的眼皮下是深深的黑眼圈，仿佛已多年未曾好好休息。诺登有个外号叫"吃了枪药的老头儿"。他以咖啡度日，甚至只吃牛排。

麦克法兰解释说：

诺登认为阳光会使人愚钝。因此，他在外总是头戴一顶大帽子，他的家人外出时也总是被迫戴上帽子。诺登年幼时住在赤道附近的荷属东印度群岛，然而，他和他的家人却因“阳光致人愚钝”而总是宽帽遮面。

麦克法兰写道，诺登“极度崇尚梭罗所叙的简朴生活，以及狄更斯对弱势群体的悲悯情怀”[2]，他讨厌纳税，把富兰克林·罗斯福视作魔鬼。

麦克法兰这样描述诺登的极度古怪易怒：

有这样一个尽人皆知的故事。有一次，诺登正在现场视察一位技术员的工作，技术员有点儿紧张，于是试图同诺登搭话，望着他说：“您或许能解释一下我们为什么要把零件设计成这样吧。”只见诺登突然拽出口中的雪茄，气急败坏地朝他大吼道：“我有成千上万个理由这样做，哪一个都他妈的与你无关。”这便是他对待自己员工的方式。他是个名副其实的“吃了枪药的老头儿”。

麦克法兰接着解说诺登的完美主义：

费用并不重要，重要的是要“止于至善”。对于工程师们如何知道他们应知道的、做他们该做的，我有过了解，他们所有人都在强调要学习前人所取得的成就。然而，诺登的态度是：“我不想听这些。”他想要的只是几张白纸、一支铅笔和几本满是数学公式的工程手册。他信奉的是白纸，其自负展现得淋漓尽致。他说："我不想知道别人犯过的错误，也不想知道他们取得过什么成就，我要自己去设计对的东西。"

卡尔·诺登在白纸上设计了些什么呢？瞄准器。如今，没有人会去使用投弹瞄准器——在雷达和 GPS（全球定位系统）时代，它早已被抛弃不用，但在 20 世纪的大部分时间里，投弹瞄准器是非常重要的东西。这一点再强调也不为过，因为说到投弹瞄准器，很容易轻视它的重要性。假设你生活在 20 世纪初，你要列一份在接下来的半个世纪里十大尚未解决的技术问题清单，清单上会有什么呢？有些问题显而易见，比如，当时亟需可以用来预防儿童疾病（麻疹、腮腺炎）的疫苗；为了防止饥荒，农业生产需要更好的化肥；为人们提供舒适的工作和生活环境，从而能使世界上很大一部分地区的生产力得以提高的、操作方便的、人们能负担起的空调；价格便宜的、工薪阶层家庭都买得起的汽车。我还可以列出很多，但是这份清单上应该有一个与军事有关的问题，它就是有没有一种方法能让轰炸机更精确地投掷炸弹。

当时，为什么这个问题如此重要，以至于它能和疫苗、化肥、空调相提并论呢？因为在 20 世纪早期，世界经历了造成 3 700 万人伤亡的第一次世界大战。足足 3 700 万人啊！索姆河战役仅仅是第一次世界大战中一场对战争进程无足轻重的战役，它造成的伤亡人数竟也超过 100 万。对那些经历过一战的人来说，它确实是极其令人痛苦的经历。

那么我们能做些什么呢？一小部分人开始相信，唯一现实的解决办法就是军队改变他们的作战方式。要通过学会打仗改善战争——如果这听起来不像是一个自相矛盾的说法，主张改善战争的人便是飞行员，即军队中的那些飞行员，他们痴迷于飞机——那个时代新奇且令人兴奋的技术成就之一。

2

飞机的首次亮相是在第一次世界大战期间。相信大家见过那些原始飞机的照片，提起这种飞机，人们马上联想到的是胶合板、织物、金属和橡胶。有由立柱连接的上下两层机翼，单座，以及面向前方的同步机枪，子弹可以从旋转的螺旋桨叶之间的空隙射出。它们就像装在邮包里送来的要在维修车间里组装的东西。第一次世界大战中最著名的战斗机要数索普维斯“骆驼”战斗机（就是史努比在老版的连环漫画《花生》中驾驶的那款），这种战斗机在现在看来一塌糊涂。“在新手飞行员的手中，”航空作家罗伯特·杰克逊（Robert Jackson）说，“它是潜在杀手的邪恶化身。”[3]他想表达的意思是，这种战斗机往往还没等攻击敌人，自己就先失事并导致飞行员丧生。但新一代飞行员看到这些装置后会说，它可以淘汰所有死伤惨重的、毫无意义的、纯粹浪费时间的陆地作战。如果我们只在空中展开战斗，情况又会怎样呢？

飞行员唐纳德·威尔逊曾在第一次世界大战期间服役，他对当时笼罩在战友们心头的恐惧记忆犹新。

他在 1975 年口述的一段历史中这样说：

> 有个伙计自杀了，自杀地点选在了我们的食堂。他把步枪的枪口放进嘴里，扣动了扳机。我们在战壕里的时候，还有个人开枪打伤了自己的腿。这些人一定是放大了他们面对巨大危险时的恐慌，但我认为我们大多数人其实对未来的险恶一无所知。[4]

威尔逊于 20 世纪 20 年代开始飞行，最终在第二次世界大战中成为一名将军。一次偶然的机会，我发现了他在 20 世纪 70 年代自费出版的一本回忆录——《追求贝波尼》(*Wooing Peponi*)，它看起来像一本高中的学校年刊，风靡了很长一段时间。就在书的正中间，威尔逊写了一段非常引人入胜的文字，讲述了他在最初飞行几年后的所思所想："然后，我不知从哪里冒出了一个想法。当时的场景就像多年之后，在完全不同的场合，马丁·路德·金在那动人心扉的演讲中说：'我有一个梦想。'"[5]

在威尔逊看来，空中力量将大有可为，他将自己的这种观点比作民权运动中最具代表性的时刻，他还借鉴了马丁·路德·金的修辞手法。

> 我有一个梦想……正如传统军事所坚持的那样，国家之间的战争是为了达成协定，而不是为了证明武装霸权。我有一个梦想，作为潜在对手的重要国家都实现了工业化，它们的工业体系都对相互支撑的基础工业非常依赖，对基础工业按部就班的顺利生产

非常依赖。我有一个梦想，即将到来的新的空中力量可以只摧毁这个现代国家赖以生存的诸多产业中有限的几个。我有一个梦想，一次或更多次这样的破坏，或许能使受打击者低首求和。[6]

从各个方面来看，这段话表明的设想都是非常大胆的。那时候，美国军事飞行人员的数量如此之少，以至于他们彼此相识，就像一个俱乐部里的一群狂热分子。在这种情况下，威尔逊却说，这个小小的俱乐部和他们那些摇摇欲坠的飞行器可以彻底改变作战方式。

“我有一个梦想，一次或更多次这样的破坏，或许能使受打击者低首求和”，这句话意味着威尔逊相信，仅凭战斗机的威力就可赢得战争。可以通过俯冲和轰炸既定目标，让敌人屈膝投降，得以避免陆地战场上针对数百万人的屠杀。

但梦想成真之前，飞行员们知道他们必须解决一个问题——一个非常具体的技术问题。这个问题如此重要，以至于它与疫苗和化肥一样，位列当时人类亟待解决的十大问题之一。如果你像那些梦想家一样，认为战斗机可以彻底改变战争，可以俯冲下来，击中特定目标，让敌人落败，那么你就必须得有办法从空中击中这些选定的目标，但当时没有人知道如何做到这一点。

我问史蒂芬·麦克法兰为什么难以准确定位轰炸目标，他回答说：

我感觉太神奇了。我是说，我以为你已经看过那些视频和电影。视频中，他们说："只要把十字瞄准线放在目标上，剩下的事情就交给投弹仪。"但是，要将炸弹精确地投向目标，需要考虑的因素很多。试想你坐在自己的车里，车以每小时六七十英里的速度在高速公路上行驶，可以想象，如果把一个物体从车窗扔出，使其击中路边即使是像一个标志、一棵树这样的静物，难度会有多大。

如果你想把一个瓶子从一辆以每小时50英里的速度行驶的车中扔进垃圾桶，那么你必须运用物理学知识，对瓶子的飞行进行一些计算：垃圾桶是静止的，但你乘坐汽车在快速移动，所以你必须在经过垃圾桶前就将瓶子扔出，对吧？但如果是在两三万英尺的高空飞行，问题就变得复杂得多了。

麦克法兰继续说：

二战时期，轰炸机的飞行速度为每小时二三百英里，有时甚至达到每小时500英里，投弹时，它们的飞行高度达30 000英尺，炸弹落到地面需要二三十秒的时间，（也许）35秒后才能落地。而在这段时间里，敌人一直在朝你射击，你必须透过云层努力看清，或者……（避开）防空火炮，你还得分清哪些是作为诱饵的假目标，避开来自烟幕弹及其他炸弹的烟幕干扰，现场还有人们情绪激动、不绝于耳的尖叫声，诸如此类一旦开战就会发生的怪事。

风速可能会达到每小时100英里。如果天气寒冷，空气密度大，炸弹会下落得慢一些；如果天气温暖，空气稀薄，炸弹就会下落得快一点儿。你得把这些因素全部考虑进去，还必须考虑机身是不是水平的，是否左右摇摆或上下颠簸。投弹时失之毫厘，在地面上的落点就可能谬以千里。在2万英尺的高空，飞行员甚至看不到目标。从低空望去，一家工厂可能很大、很明显；从2万英尺的高空向下望，它看起来只有邮票大小。在航空飞行的早期，轰炸机无法击中任何东西，即使离得很近都无法命中目标，这时的投弹手投弹就像闭着眼睛向镖靶投掷飞镖一样。飞机能彻底改变战争，这个梦想是建立在巨大的未经测试和证实的假设之上的：某人某时能用某种近乎精确的器具，以某种方式解决如何在高空用一枚炸弹瞄准地面目标的问题。这是那个时代技术心愿单上的一个难题，直到诺登将其攻克。

麦克法兰说诺登的设计方法很独特：

> 他没有帮手，全凭一己之力。所有数据都存储在他的头脑里，他不做笔记，也没有笔记本。你无法获取有关其设计的档案资料，因为根本就不存在这种东西，一切都保存在他的头脑里。像诺登那样用头脑记住那么复杂的东西的人……我只能自叹不如。工程师们曾提到一种被称作“心灵之眼”的东西，指有的工程师会用心灵看东西，不是用眼睛，而是用心灵的眼睛。这就是卡尔·诺登的真实写照。

我问麦克法兰，他是否认为诺登是个天才，他的回答是：

是这样，他会告诉你，只有上帝才会发明，人类只会发现。所以对他来说，并不存在什么天才，他才不会接受这个称谓。他不喜欢，也不会接受任何人称他为“天才”。他会说，他只是发现了上帝的伟大和上帝的创造。他还会说，上帝通过那些愿意努力工作、愿意用他们的头脑去发现上帝真知的人来揭示真理。

20 世纪 20 年代，诺登开始了对投弹瞄准器的研究。他先从海军手中拿到了一份合同，后来却改为为美国陆军航空兵团工作。美国陆军航空兵团是美国陆军航空队的前身，陆军航空兵团是当时的叫法。诺登在曼哈顿市区现在被称为苏豪区的拉斐特街上开了家店，在那里着手研发他的杰作。

美国加入二战的时候，军方匆忙为其轰炸机配备了诺登投弹瞄准器。多数情况下，每架轰炸机配有 10 名机组人员，有飞行员、副驾驶、领航员、炮手，还有最重要的、负责瞄准和投掷炸弹的投弹手。如果投弹手没有完成他的工作，那么同机组其他 9 人所做的一切努力就完全白费了。

为投弹手制作的一部战时军事训练影片在展示敌方地面目标的空中照片时，说明了诺登投弹瞄准器的重要性：

其中一个可能是你们的轰炸目标，这也是你们会在这里的原因，还是这所和其他投弹手学校配备了这么多设施的原因，是这里有教官来培训你们的原因，也是飞行员带着你们执行空中任务的原因。

很可能在座的某位会看到其中一个目标，你看到的不是像现在这样投射在银幕上的，而是在瞄准镜的准线下移动的目标。你的炸弹要落在哪里呢？偏离 100 英尺？500 英尺？这取决于你能否将自己的手指和眼睛训练得像诺登投弹瞄准器一样精确。[7]

影片中展示的诺登投弹瞄准器是 MK-15，这是它的官方名称，使用 MK-15 的飞行员给它起了个外号，叫“足球”。它重 55 磅[①]，底座是一个平台——一个利用陀螺仪保持水平的工作平台，这个平台使瞄准器即使在飞行十分颠簸时也能保持水平。投弹瞄准器本质上是一台模拟计算机，是一个由反光镜、望远镜、滚珠轴承、水平仪和刻度盘组成的紧凑且精密的机械装置。在移动的飞机上，投弹手通过望远镜来观察目标，并进行一系列极其复杂的调整。诺登创造了 64 种算法，他认为这些算法解决了与轰炸有关的各个方面的问题，包括：风速和风向会对炸弹弹道有何影响？气温有何影响？飞机飞行速度对它的影响有多大？把投弹手培训得能熟练操作诺登投弹瞄准器需要花费 6 个月时间。

光是看教学片就足以让你头疼。解说员说：

---

① 1 磅≈0.453 6 千克。——编者注

现在请看下面这条线，它是你最初的瞄准线，一直向目标点靠近。我知道，你在空中的时候，地面上并没有基准线供你参考，但你的投弹瞄准器能产生与基准线相同的效果。还记得瞄准器是由两部分构成的吗？下面是稳定器，内部是一个陀螺仪，只是它有一个水平的轴。

上面是你的瞄准镜。稳定器固定在飞机的纵轴上，但你可以一直转动瞄准镜，使其始终指向目标。瞄准镜与稳定器通过连杆相连，陀螺仪通过这些连杆控制瞄准器的位置，这样，无论飞机偏航多么严重，瞄准镜都会指着相同的方向。[8]

有这一切都是为了能让投弹手准确地知道什么时候可以大喊："投弹！"

麦克法兰解释了诺登投弹瞄准器的独门绝技之一：

在诺登的64种算法中，有一种算法补偿了这一事实：当你投下一颗炸弹时，假设它需要30秒才能击中目标，而在这30秒内，地球实际上绕地轴自转了一定的角度。

所以他创造了一个公式。如果炸弹击中目标需要20秒，那么在这段时间内，地面的目标就会随着地球自转移动12英尺（这是我编造的数）。因此，你必须在计算机上做相应的设置，以适应目标已经移动12英尺的事实。如果你所在的高度是2万英尺，目标移动的距离可能是25英尺。这些变量都要输入计算机。

陆军购买了数千台诺登投弹瞄准器。每次执行任务前，投弹手都会在全副武装的警卫的护送下，从保险库中取出他的瞄准器，装进金属箱子后搬上飞机。如果轰炸机在敌占区迫降，投弹手会奉命立即将投弹瞄准器摧毁，以免其落入敌人之手。传说，军方甚至为投弹手配备了一个 18 英寸[①] 长的爆炸装置来完成这一壮举。此外，作为最后的预防措施，他们必须进行特别的宣誓："我庄严宣誓，我将严格保守自己接触的任何及所有的机密信息，我深知自己是国家最昂贵资产的守护者，我谨在此发誓保守美国投弹瞄准器的保密，不惜以生命为代价。"[9]

与这些秘密和戏剧性场面相关的核心人物是卡尔·诺登——古怪得令人发狂的诺登。美国参战之前，诺登还在完善自己的发明时，有时会离开曼哈顿，回到他母亲位于苏黎世的家中。麦克法兰说，这会让美国官员"大伤脑筋"：

> 联邦调查局派特工随行，设法保护他。据称，英国曾认为他是为德国人效力的间谍，因此，（美国陆军）担心英国人会试图趁机抓捕他，但他坚持要走。他说："我要去瑞士，你们做什么都阻止不了我。"当然，因为美国还没有参战，战争时期的法律还没有生效，所以他们没办法依法阻止诺登离开美国。

军方为什么非得容忍他呢？因为诺登投弹瞄准器就是必

① 1 英寸 =0.025 4 米。——编者注

杀技。

诺登有个叫泰德·巴思（Ted Barth）的生意伙伴，负责推销，他是诺登投弹瞄准器的代言人。在美国参战的前一年，巴思声称："我们认为，要让炸弹从 30 000 英尺的高度落下并命中 15 平方英尺[①] 的目标不是一件很难的事情。"这句话的简写版（它成就了诺登传奇）就是，投弹瞄准器可以从 6 英里的高空把炸弹投入地面的泡菜桶。

对第一代军事飞行人员来说，巴思的言论令人神往。第二次世界大战中最昂贵的单一军工项目是被称作"超级空中堡垒"的 B-29 轰炸机。第二昂贵的是一次史无前例的大规模尝试，旨在发明和制造世界上第一颗原子弹的曼哈顿计划。第三昂贵的工程呢？不是炸弹，不是飞机，不是坦克，不是枪炮，也不是舰船，而是在卡尔·诺登的精确想象中构思出来的、55 磅重的模拟计算机——诺登投弹瞄准器。为什么要在投弹瞄准器上投入这么多资金呢？因为诺登投弹瞄准器代表着一个梦想——人类战争史上最大胆的梦想之一：如果我们能在 30 000 英尺的高空把炸弹投入地面的泡菜桶，我们就不再需要地面部队，不再需要把整座城市夷为平地，也不再需要让年轻人去战场上送命。我们可以彻底改变战争，让打击更精确，停战更迅速，几乎没有流血和牺牲。几乎没有！

---

① 1 平方英尺 ≈0.092 9 平方米。——编者注

第2章

陆军航空兵团战术学校

1

彻底的变革无一例外都是集体活动，这也是卡尔·诺登如此与众不同的原因：很少有人会独自在母亲家的餐桌旁开启一场重大变革。印象派运动的开始，不是因为哪位天才画家开创了印象派风格，然后像花衣魔笛手一样吸引了一大批追随者。反而是，毕沙罗和德加同时进入巴黎美术学院学习；后来，毕沙罗遇见了莫奈，然后在 Académie Suisse[①] 遇到了塞尚；莫奈又在卢浮宫遇到了德加，在查尔斯·格莱尔的画室结交了雷诺阿；雷诺阿反过来又结识了毕沙罗和塞尚。很快，大家相聚在盖尔波瓦咖啡馆，互相鼓励，构筑梦想，分享彼此间因心灵碰撞而产生的艺术思想火花，直到一个彻底革新的艺术派别诞生。

彻底变革总是这样发生的。格洛丽亚·斯泰纳姆是 20 世纪

① Académie Suisse 是 1815 年法国巴黎成立的一个法国绘画间，培养了很多著名画家，1870 年改名为 Académie Colarossi。——译者注

70 年代早期女权运动中最著名的人物。[1] 然而，促使美国女性当选人数翻倍的因素是什么呢？是格洛丽亚 · 斯泰纳姆、雪莉 · 奇泽姆、贝拉 · 阿布朱格和塔尼娅 · 梅利奇一起创建了美国全国妇女政治核心小组（NWPC）。革命诞生于对话、争论、验证，以及倾听者那深以为然的眼神中。

对那些梦想着改变现代战争的人来说，能和朋友们一起从白天争论到晚上并能看到这种眼神的地方，是一处被称作麦克斯韦机场的飞行基地，它位于亚拉巴马州蒙哥马利，原本是一个古老的棉花种植园，后由莱特兄弟改造成了机场。20 世纪 30 年代，这里成了陆军航空兵团战术学校的所在地。陆军航空兵团战术学校与宾夕法尼亚州卡莱尔的美国陆军战争学院（和罗得岛州纽波特的美国海军战争学院）如出一辙，堪称后两所院校的航空版。如今，麦克斯韦机场的大部分地方仍保持着 20 世纪 30 年代刚建成时的样子，到处都是红瓦屋顶和淡黄色的混凝土或粉饰灰泥。这里有数百座造型优雅的军官住宅，都是法式建筑，坐落在曲径通幽的街道旁，道路两旁栽种着巨大的橡树。因其深处亚拉巴马州腹地，这里的夏天炎热，沉闷而潮湿。几英里外就是亚拉巴马州立法机构那宏伟的 19 世纪建筑。机场让人感觉并不像是一场变革的发源地。

但它确实是。

那些年里，空军并非独立的军种，它只是陆军的一个战斗部，为地面部队的利益而存在，航空队的任务是支援、协同地面部队作战。在第一次世界大战期间指挥美国军队的传奇陆军将军约翰·约瑟夫·潘兴曾这样描述空中军事力量：它“无法凭自己的力量赢得一场战争，据我们所知，也无法在未来的任何时候赢得战争”①[2]。这就是军方对飞机的看法。理查德·科恩是近10年来研究美国空军史的首席历史学家，他解释说，在早期，人们并不了解空军：

我记得有人曾引用一位国会议员的话说：“为什么我们对飞机有这么多争议？为什么我们不直接买一架飞机，然后让军队共享呢？”

陆军航空兵团战术学校最初的校址并不在亚拉巴马州，而是在弗吉尼亚州兰利。建校初期，学校的机库外还有马厩，仿佛仍处于19世纪，飞行员们竟被要求学习骑马。你能想象那个时代的陆军飞行员（只有几百名）的感受吗？他们开始认为，只要他们还是陆军的一员，他们就得听命于那些既不会开飞机，也不懂飞机，还想让他们每天早上把马匹擦洗干净的人。飞行员们想要独立，而走向独立的第一步就是让他们的训练学校尽可能地远离陆军对其组织和文化的影响。麦克斯韦机场曾是四周寂静、偏

---

① 这句话摘自1920年潘兴写给航空队队长的一封信，他在信中主张航空队应该“继续作为陆军的一部分”。他主张航空队应为援助陆军而存在，陆军应保有对航空队的管控权：“想要成功，就必须以同样的方式来管控航空队，航空队须遵守同样的军纪，在和其他兵种完全相同的条件下遵照陆军的指挥而行动。”[3]

居南方一隅的古老的棉花种植园，用现在的话说，这是一个特色，而不是一个瑕疵。

空中力量初具雏形，陆军航空兵团战术学校的教员也都很年轻——只有二三十岁，却满怀雄心壮志。他们在周末喝得酩酊大醉，以驾驶战斗机为乐，飙车竞速。他们的座右铭是："我们不拘礼教，更能成就非凡。"学校的领导们被称为"轰炸机黑手党"。这并不是一种恭维——那时可是阿尔·卡彭①和查理·卢西安诺②的时代，是街头枪战的时代。但陆军航空兵团战术学校的教员们认为，这个称呼充满了不被认可的感觉，很适合他们，因此一直沿用至今。

"轰炸机黑手党"的精神领袖之一是哈罗德·乔治（Harold George），他曾这样描述他们这帮人："我们满腔热情，就像在发动一场十字军东征……我知道我们仅有十几个人，而唯一反对我们的是万名军官及其余的陆军、海军成员。"[4]

乔治来自波士顿，在第一次世界大战期间参军，并对飞机着了迷。20 世纪 30 年代初，他开始在陆军航空兵团战术学校任教，并在第二次世界大战期间晋升为将军。战后，他为霍华德·休斯工作，创办了休斯的电子公司。之后，乔治离开了这家公司，协助创建了后来成为国防承包商巨头的另一家电子公司。关于他，

---

① 阿尔·卡彭（Al Capone，1899—1947），美国黑帮成员，于 1925—1931 年掌权芝加哥黑手党。——译者注

② 查理·卢西安诺（Charlie Luciano，1898—1962），绰号"幸运的卢西安诺"，意大利裔美国人，卡彭的好友，纽约黑手党首领。——译者注

我最喜欢的是：他两次当选为贝弗利山的市长。

这就是哈罗德·乔治，一个男子汉的生平。但如果你问哈罗德·乔治，他职业生涯中最辉煌的时刻是什么时候，他可能会说是20世纪30年代在麦克斯韦机场教书时，那段日子此生难忘。

正如1970年他在一段口述历史中所说："似乎没有人明白我们在做什么，因此我们没有得到任何指示说要停止我们正在进行的教学。"[5]

陆军航空兵团战术学校是一所大学，也是一所专业院校，但有教学经验的教师并不多，他们教授的内容过于新颖且激进，没有可用的教材或可读的文章。因此，可以说，很多内容都是即兴创作的。没多久，单人演讲的讲座变成了多人发言的研讨会，又变成了所有人都参与的公开讨论，最后变成了晚餐会议。这倒是顺理成章之事：交谈能埋下变革的种子。这群人开始独辟蹊径，朝令人无法想象的方向游走。

唐纳德·威尔逊是"轰炸机黑手党"的另一核心人物。他后来在回忆录中写道，自己梦想一场不同的战争。在回忆那段时光时，他说：

> 我敢肯定，如果当时陆军总参谋部的管制部门知道我们在麦克斯韦机场干了什么，我们早就被关进监狱了。因为我们的行为完全违背了他们的既定原则，我无法想象他们知道并允许我们这么做。[6]

2

在20世纪上半叶，提到军用飞机，人们想到的往往是战斗机——那些高度机动、可以在空中与敌人交战的小型飞机。但麦克斯韦机场的叛逆者们想到的不是这些，他们痴迷于20世纪30年代航空技术取得的进步：铝和钢取代了胶合板，发动机变得更强劲有力，飞机变得更大、更易于驾驶，并有加压的机身和可收放的起落架。这些进步使“轰炸机黑手党”得以想象出一种全新的飞机——和当时在美国境内刚被用于载客的商用客机一样大的飞机。如此庞大且强大的飞机将不再仅限于在空中与其他飞机作战，它还可以携带炸弹——威力强大的、可以对敌人阵地造成重大破坏的重型爆炸物。

为什么这种飞机有这么强的破坏性呢？因为如果你在一架巨大的新飞机里安装这种强大的新型引擎，飞机就能飞得很远、很快，并且飞得时间更长，没有什么东西能阻止它。对它来说，高射炮就像玩具枪那样不足为惧，敌人的战斗机就像一只只仅会嗡嗡飞行、惹人生厌的小昆虫般无害。这种飞机可以有装甲层，前后可以有用来防卫的机枪。这就是“轰炸机黑手党”的第一个信条：轰炸机总能畅行无阻。

第二个信条：在那之前，人们一直认为，轰炸敌人唯一安全的方法是在黑暗的掩护下偷袭。但如果轰炸机是势不可当的，又何必偷偷摸摸地进攻呢？“轰炸机黑手党”想在白天正大光明地发动袭击。

第三个信条：如果能在白天轰炸，那么你就能看见你想要袭击的目标，就不再是盲目地攻击。如果你能看见，就意味着你可以使用投弹瞄准器对准目标，输入必要的变量，让瞄准器工作，然后听到隆隆的爆炸声。

第四个也是最后一个信条：传统观点认为，当轰炸机接近目标时，它必须尽可能地接近地面，以便正确瞄准。但如果你有投弹瞄准器，你就可以从高空——在高射炮射程之外投下炸弹。我们可以在 30 000 英尺的高空把炸弹扔进地面的泡菜桶。

白天、万米高空、精确轰炸，这就是“轰炸机黑手党”在亚拉巴马州中部的藏身之处策划出来的信条。

历史学家理查德·科恩这样描述“轰炸机黑手党”：

> 他们同甘共苦，几乎到了可以被称为“兄弟会”的程度，但是如果哪个人不信奉集体的信条——他们中确实有人不信，那他可能会被……不完全是被除名，而是被怀疑和反对。

陆军航空兵团战术学校当时有个叫克莱尔·李·陈纳德的飞行员，他曾大胆挑战“轰炸机黑手党”的正统观念，结果被驱逐出城。

科恩继续说道：“他们逆流而动，从事了不少公关活动，其中有些人为了宣传空中力量而用假名写作。”

直到身处麦克斯韦空军基地，我才真正领会到“轰炸机黑手党”的胆大妄为。现在的麦克斯韦空军基地不再叫麦克斯韦机场。

现在的美国空军大学的前身就是陆军航空兵团战术学校，所以麦克斯韦空军基地也是空军大学的所在地。在这里学习的人来自世界各地，许多享誉美国的军事历史学家、战术家和战略家在此任教。有一天下午，我和一些基地教员就座的那间会议室就在一个世纪前“轰炸机黑手党”活动场所的附近。陆军航空兵团战术学校原有的记录都被放进了麦克斯韦空军基地的档案馆，我采访过的历史学家们都仔仔细细地查阅过“轰炸机黑手党”当时的现场笔记和讲座，他们谈起唐纳德·威尔逊和哈罗德·乔治时，展现出的对他们的了解，仿佛自己和这两位是同一时代的人。然而，这些历史学家与唐纳德·威尔逊和哈罗德·乔治之间也有令我感到惊讶的不同之处：我见过的许多历史学家自己也曾是空军飞行员，曾驾驶先进的战斗机、隐形轰炸机和价值数百万美元的运输机，所以当他们谈起空中力量时，他们是在谈论一些实实在在的东西，一些他们亲身经历过的东西。

但在20世纪30年代，“轰炸机黑手党”谈论的是一些理论上的东西，一些他们希望存在的东西。

那是一个梦想。

美国空军大学研究空军史的教授理查德·穆勒说：

坡道上没有他们中意的飞机，他们中意的飞机在吸食强效可卡因后产生的幻觉里。你可以试着问问自己，如果你去博物馆参观，去航空博物馆——彭萨科拉的国家海军航空博物馆，或国家航空航天博物馆，或莱特·帕特森空军基地，看看30年代初机场上的那些飞机，你首先会想，天哪，那些家伙得吸多少可卡因才能想出这样的飞机？

听他这样开玩笑，我突然发现，与军事历史学家交谈产生的意想不到的乐趣之一是，他们对自己身处的体系有些不敬。穆勒继续说：

他们只是有一种信念，就是他们会成功。他们不太知道怎么做，也不太清楚自己的目标，但他们相信自己的目标终会实现，这是一件顺理成章的事。这并非特别不合理，他们有这样的信念并不是毫无道理的。在这个群体中，他们核心的想法之一就是相信技术和材料科学的进步，相信他们能制造出合适的飞机。后来，从 B-9、B-10、B-12 到 B-15 原型机，再到 B-17，再到 B-29，他们造出这些机型只用了大约 10 年时间，想想看，这真是非常了不起的成就。

3

我担心没有将“轰炸机黑手党”的想法到底有多激进（多具变革性）解释清楚，因此请允许我稍稍离题。我一直很喜欢一本书，就是政治学家卡尔·布尔德（Carl Builder）所著的《战争的面具》（*The Masks of War*）。布尔德在兰德公司工作。兰德公司成立于二战后，是一个总部在圣莫尼卡的智库——为五角大楼服务的外部研究机构。

布尔德认为，如果你不了解美国军队三个主要军种的文化差异有多大，你就无法理解他们的决策和行为。布尔德说，只要看看各个军种学院校园里的教堂，你就心中有数了。

西点军校是美军历史上重要的陆军军官训练场所，军校教堂高高耸立在哈得孙河旁的悬崖上，俯瞰着校园的天际线。教堂于1910年完工，采用了宏伟的哥特式复兴风格，完全由灰色花岗岩建成，窗户又高又窄，透着中世纪堡垒般的深沉——坚固、质朴、不可撼动。布尔德写道："这是一个安静的处所，适合人们举行简单的仪式，人们团结友爱，对养育他们的土地怀有深厚的感情。"[7]

这就是陆军：深深爱国，尽忠报国。

再看地处安纳波利斯的美国海军学院教堂，它和西点军校的教堂几乎是同时建成的，但它显然大得多，也更宏伟。它采用了美国布扎体系的风格，模仿了巴黎荣军院的设计，建有一个巨大的圆顶，光线透过超大的彩绘玻璃窗，彰显内部的华丽与精致。

它很有海军的风格：不可一世，特立独行，在全球范围内志在必得。

与这两所学校的教堂相比，位于科罗拉多州斯普林斯的美国空军学院教堂仿佛来自另一个宇宙。尽管它于1962年就已建成，但如果我告诉你它上个月刚完工，你也会说："哇，这建筑设计真现代化啊。"这座教堂看上去好似一排鼻子指向天空、像多米诺骨牌那样摆放着的战斗机整装待发，随时可以嗖的一声升空，阵势震耳欲聋。教堂内部有超过24 000片24种不同颜色的彩色玻璃。教堂前面有一个46英尺高、12英尺宽的十字架，横梁看起来像飞机的螺旋桨。教堂外，4架战斗机漫不经心地停在那里，仿佛是几位飞行员一时兴起，顺道来参加周日上午的圣餐。

教堂的建筑师是沃尔特·内奇（Walter Netsch），他是芝加哥一位杰出的现代主义者。对能研制出隐形战斗机的人，美国空军通常会给予无限的预算和创作自由，内奇也得到了空军同样的优待。

在1995年的一次采访中，内奇回忆道：

> 我回到家时，怀揣这样一种强烈的感觉：在现代科技时代，我怎样才能创造出像沙特尔①一样既鼓舞人心又体现空军雄心壮志的东西呢？其间，我在芝加哥和我的工程师一起工作时，有了这个把四面体堆砌在一起的想法。[8]

如果空军用铝和钢在科罗拉多的平顶山中间建造一座直立的战斗机形状的教堂，你认为这会体现空军的什么特点呢？这是卡尔·布尔德在他的书中提出的问题。他的结论是：这是一群拼命想让自己尽可能地与陆军和海军等老军种区别开来的人。此外，空军对遗产和传统一点儿也不感兴趣，相反，它想要现代化。

根据内奇的设计，空军学院教堂整座建筑的组成单元是一

① 沙特尔（Chartres）是法国巴黎西南71千米处一座清幽的小城，它以城中的大教堂闻名于世。——译者注

些7英尺高的金字塔形模块，一些四面体！这个军种中都是些想要推陈出新、以新的方式发动战争、为当今的战斗做好准备的人，他们不会把时间花在研究伯罗奔尼撒战争或特拉法尔加海战上。空军痴迷于未来，痴迷于技术如何为他们的未来保驾护航。那么内奇设计的教堂建成后发生了什么呢？出现了各种各样的结构性问题。当然会有问题！就像一些取得了突破性进展的计算机代码一样，它必须被调试。

内奇解释说：

涉及技术，人们有时会陷入麻烦……突然之间，建筑开始出现裂纹，于是我们飞到科罗拉多斯普林斯，在一家便宜的小汽车旅馆登记入住后等待雨的到来。天一下雨，我们就冲到教堂，那是一栋很大的建筑，试着查明到底是哪里漏雨……我得写一份报告，因为这些裂纹让我很受伤，我给报告拟名为“空军学院教堂的水分迁移报告”，这样用词比较委婉，不用说，遭到了人们幽默的嘲讽，但我们最终查明……每个四面体组合都会在风中摆动，那里的风很大，建筑物要承受来自多个平面的风力，而且建筑很长，所以风力对建筑物两端产生的影响不尽相同。此外，各部分相连接的地方使用了玻璃材料。

因此，我们最终决定，应该做一个大的塑料罩子套在玻璃窗户上，这样会大大缓解漏雨的问题。因为窗框上镶嵌着许多小块玻璃，玻璃之间开始渗水，所以他们去做了些长塑料板，这些塑料板在解决渗水问题方面起了不小的作用。[9]

这太有空军风格了。在20世纪中叶建造了一座21世纪的教堂，远远领先于时代，以至于不得不在重新分析气象模式的基础上改造其结构。我想说的是，这种激进的思维倾向源自何处？它源自身处1931—1941年的知识热潮中的陆军航空兵团战术学校，在研讨室和那些深夜辩论中诞生了现代空军文化。这里的人将把战争改在空中进行，他们的思想之激进，在美军各大军种中遥遥领先。当你站在美国空军学院教堂的内部，凝视着天花板上高耸的铝制肋骨拱时，就会明白这一点。

同一时期，美国海军学院发生了什么呢？他们正在人工擦亮教堂的黄铜栏杆。

4

和所有主张变革的组织一样，“轰炸机黑手党”也有一个很能说明其自身主张的传说——一个说明自身起源的故事。和所有传说一样，它可能不那么切合实际。

传说的内容是这样的：1936年圣帕特里克节[1]那天，匹兹堡发生了严重的洪灾。匹兹堡的地理位置特殊，它位于主要河流俄亥俄河的源头，两条支流莫农加希拉河和阿勒格尼河在匹兹堡附

---

① 圣帕特里克节（St. Patrick’s Day）是每年3月17日为了纪念爱尔兰守护神圣帕特里克而庆祝的节日。这一节日于5世纪末起源于爱尔兰，如今已成为爱尔兰的国庆节。美国从1737年3月17日开始庆祝圣帕特里克节。——译者注

近交汇，那天，汇合处水位高涨，暴发了洪水。

飞行员通常不关心陆地上的灾难，也许飓风或雷暴才能引起他们的关注，他们认为洪水是陆军最应该担心的事情。然而，匹兹堡洪水却引发了一个出乎意料的后果，最终对在麦克斯韦机场酝酿的变革产生了巨大的影响。它源自这样一个事实：在河两岸被上涨的河水冲毁的数百栋建筑物中，有一家美国汉密尔顿标准公司下属的工厂。汉密尔顿标准公司是生产可变距螺旋桨所用弹簧的主要制造商，可变距螺旋桨是当时大多数飞机上的基础配件。但是因为遭受洪灾，汉密尔顿标准公司无法制造这种弹簧，所以可变距螺旋桨的制造也就陷入困境，甚至影响飞机的制造。1936年匹兹堡洪灾使整个航空业的发展陷入了停滞：只因弹簧缺货，飞机制造业一筹莫展。

在亚拉巴马州，"轰炸机黑手党"看到汉密尔顿标准公司的遭遇，眼睛亮了起来。"轰炸机黑手党"中花最多时间思考弹簧制造问题的是唐纳德·威尔逊，匹兹堡洪灾使他思考：战争，据其经典定义，是对敌人动用全部军事力量，直到敌人的政治领导层投降，但这真的有必要吗？如果我们捣毁匹兹堡的螺旋桨弹簧工厂，就会大大削弱空军力量，如果我们能再找到十几个这样的关键目标（他用"命脉"这个词来表示这些目标）进行轰炸，就能使整个国家陷入瘫痪。随后，威尔逊设计了"轰炸机黑手党"著名的思想实验[①]之一。请记住，这些人只能做思想实验，因为

① 思想实验指使用想象力去进行的实验，所做的都是现实中无法做到（或现实尚未做到）的实验。——译者注

他们没有真正的轰炸机或真正的敌人，甚至真正的资源，他们只能嘴上说说而已。

在其思想实验中，威尔逊把美国东北制造业中心假想为受攻击的目标：

> 现在，当我们从理论上去说明它时……我们没有任何关于假想敌的空军的情报，因此，我们得有一个可能被敌人攻击的目标。为了说明这个概念，我们假设敌军驻扎在加拿大，东北工业区在敌机的打击范围内。[10]

这个思想实验中的敌人在加拿大，比如多伦多。多伦多与纽约市之间的直线距离为340英里，完全处在“轰炸机黑手党”所设想的飞机的航程内。一队从多伦多起飞的轰炸机，对美方进行一次轰炸，能造成多大的破坏呢？

1939年4月，在陆军航空兵团战术学校举办的为期两天的展示中，他们试图找出答案。

历史学家罗伯特·佩普在其著作《以轰炸取胜》（*Bombing to Win*）里讲述了陆军航空兵团战术学校教授的许多思想的起源。我和佩普谈论了上述思想实验，他这样描述那次展示：

> 他们的轰炸重点：一是桥梁；二是水渠，轰炸水渠很重要，因为他们想要在纽约造成大规模的水供应短缺，他们基本上是想制造一个几乎没有饮用水的环境；三是电力设施。

他们没有调查轰炸的心理学意义，也没有调查轰炸的社会学意义，甚至没有真正调查轰炸的政治学意义，也就是轰炸对人口、社会和政府的影响。他们真正在做的是专注于研究当时的轰炸技术能让轰炸机命中什么目标。

负责展示的人是“轰炸机黑手党”的副职人员缪尔·费尔柴尔德（Muir Fairchild）。费尔柴尔德认为，水渠是最明显的目标，因为纽约市供水系统的水渠长达92英里；第二目标则是电网。费尔柴尔德指导他的学生看了一张图表：“空投炸弹与纽约市区的牵引动力供电。”

正如费尔柴尔德所总结的：“我们看到，如果投在正确的地方，17枚炸弹不仅能切断整个城市的电力供应，还能阻止外部电力的输送！”[11]

17枚炸弹！传统观点认为，你必须用一波又一波代价高昂、充满危险的空袭去轰炸整座城市——把它炸成废墟。费尔柴尔德的观点则是，如果可以利用情报和诺登投弹瞄准器的魔力，毕其功于一役，为什么非要把整座城市夷为平地呢？正如佩普所讲：

他们肯定认为，单靠轰炸机或空中力量就能赢得战争。他们的想法是，在第一次世界大战中，陆军年复一年地打仗，数百万人死于被称作“绞肉机”的战壕战，而现在，空中力量将既能避免类似的大规模死伤，又能在战争中取胜。

现在，你能明白为什么唐纳德·威尔逊会半开玩笑地说，如果陆军知道麦克斯韦机场发生的事情，他们会把“轰炸机黑手党”的所有成员都关进监狱；麦克斯韦机场的这些人是陆军的一部分，他们却说陆军的其他成员都是无关紧要的、脱离时代的。你可以先在加拿大边境大规模集结部队——成千上万人，用大炮、坦克和其他任何能想到的武器来结束战争，但使用轰炸机的话，它们只需要掠过头顶，越过所有常规的防御系统，在距离前线数百英里的地方通过实施精确轰炸，就能使敌人陷于瘫痪。

美军战争学院的国家安全教授塔米·比德尔这样解读“轰炸机黑手党”的心理：

我认为，他们对美国的技术非常着迷，他们的思想充斥着强烈的道德感。他们渴望找到一种方法来打一场干净利落的战争，这种方法不会损害美国的声誉，能让人认为美国是一个有道德的国家、一个有其思想和意识形态的国家、一个尊重人并致力于维护个人权利的国家。

“轰炸机黑手党”（尽管名字有些不祥）的成员一向不多，最多时也就十几个人，都住在麦克斯韦机场附近那些安静、绿树环绕的街区，彼此之间离得不远——差不多都是步行可达的距离。陆军航空兵团战术学校本身规模不大，不像西点军校，培养了一代又一代的陆军军官。在其20年的创办历程中，陆军航空兵团战术学校只培养了1 000多名毕业生。要不是第二次世界大战爆发，这一小撮人的理论和梦想可能早就被淹没在历史长河中。

但后来，希特勒下令袭击波兰，英国和法国对德国宣战。到1941年夏，每个人心里都很清楚，美国很快也会参战。如果美国参战，很明显，它需要一支强大的航空队，那么什么样的航空队称得上强大呢？它需要多少架飞机？为了回答这些问题，陆军位于华盛顿的最高指挥部只好绝望地向唯一可能知道答案的专家组（在亚拉巴马州麦克斯韦机场的陆军航空兵团战术学校执教的教官们）求助。

因此，"轰炸机黑手党"抵达华盛顿，拟定了一份史诗级的文件，它成为美国后来所有空战行动的模板。该文件名为"空战计划1号指导文件"（AWPD-1），它非常详细地列出了美国需要的飞机种类和数量，包括战斗机、轰炸机和运输机，还说明了要有多少名飞行员、多少吨炸药，以及炸弹应轰炸德国的哪些目标。轰炸目标都是根据"命脉"理论来选择的，包括50座发电厂、47个运输网、27座综合炼油厂、18家飞机组装厂、6座铝厂，以及6处"镁来源"。"轰炸机黑手党"做出这一系列史诗级的推测仅用了9天时间，这种超人的壮举，唯有在亚拉巴马州腹地与世隔绝、藏器待时10年之后，才得以实现。

"轰炸机黑手党"已准备好迎战。

第3章

精确轰炸与区域轰炸

一名骑摩托车的英国通信员来到我在伦敦郊外库姆堡的住处，送来阿诺德将军发给我的消息。破译后的消息是："明天早上到卡萨布兰卡见我。"

——指挥官艾拉·埃克将军

1

1943年，摩洛哥还是法国的保护国，时年1月，温斯顿·丘吉尔和富兰克林·罗斯福在卡萨布兰卡[①]举行了一次秘密会晤。彼时盟军正占据上风，两位领导人会面是为了制订下一步作战计划，从而使形势能够朝他们所希望的方向发展，直到盟军最终取胜。两人各有本国军队高官随从，罗斯福这边有时任美国空中力量总指挥的"快乐的阿诺德"[②]。会议进行到一半时，阿诺德将军

① 卡萨布兰卡是摩洛哥城市达尔贝达的别名，原名安法，位于摩洛哥西部大西洋沿岸，是摩洛哥的历史名城。——译者注

② "快乐的阿诺德"是亨利·哈里·阿诺德（Henry Harley Arnold，1886—1950），美国空军五星上将，被誉为"美国现代空军之父"。——译者注

给自己最看重的副官发了一封紧急电报，为其敲响了警钟。

艾拉·埃克是陆军航空兵团战术学校的优秀毕业生，是“轰炸机黑手党”的创始成员，也是昼间高空精确轰炸的忠实信徒。他还是第八航空队——驻扎在英国的轰炸机部队的指挥官，负责指挥对“空战计划1号指导文件”中列出的所有目标实施打击。

“来卡萨布兰卡。”埃克收到的消息说，“马上来。”

埃克回忆道：

卡萨布兰卡会议的保密措施极其严格，当时我还不明白个中缘由，但我知道我最好还是照办，于是我打电话给轰炸机指挥官弗雷德里克·路易斯·安德森将军，说：“安排你的机组人员午夜用一架B-17到博文顿来接我，载我去卡萨布兰卡，明天早上天一亮就得到。”[1]

埃克到达后，直接前往阿诺德将军的别墅。

阿诺德将军说：“小伙子，告诉你个坏消息，在英国首相的敦促下，我们总统刚才同意了我们停止白天的轰炸，你要和皇家空军一起实施夜间轰炸。”

皇家空军指的是英国皇家空军。那些起源于麦克斯韦机场、让埃克和同学们为之着迷的空战思想理论，对大西洋彼岸的英国人却没有产生同样的影响。英国人对精确轰炸持怀疑态度，他们从来没有爱上过诺登投弹瞄准器，也从未因为能从 30 000 英尺的高空把炸弹扔进地面的泡菜桶而心荡神驰。“轰炸机黑手党”说，可以通过切中要害地捣毁敌人的命脉来瓦解其意志——小心、巧妙地炸毁敌人的水渠和螺旋桨弹簧加工厂，使他们不得不认输。“轰炸机黑手党”认为利用现代轰炸技术可以缩小战争的范围，英国人则持反对意见，他们认为拥有轰炸机部队的好处是可以扩大战争的范围，他们主张进行区域轰炸。区域轰炸是一种委婉的说法，指不瞄准任何特定目标的轰炸策略，也就是说，在轰炸机折返之前，能炸什么就炸什么。

区域轰炸不在白天进行，因为如果不必轰炸特定的目标，哪儿还需要看清楚呢？而且它显然是针对平民的，它表达的思想是：应该袭击居民区，夜以继日，轮番轰炸，直到敌人的城市沦为一片废墟，这样就能瓦解他们的意志，使其士气低落、束手就擒。英国人想让区域轰炸听起来更加委婉，于是称其为“士气轰炸”，轰炸的目的是摧毁敌人的城市和家园，使其人口锐减得令人绝望。

英国人认为，美国的“轰炸机黑手党”一定是疯了：为什么要冒那么大的风险在大白天去空袭轰炸那么高难度的目标？在英国人看来，他们自己正在试图打赢一场战争，美国人却像是正在举办一场本科生的哲学研讨会。

所以，在卡萨布兰卡，丘吉尔对罗斯福说，够了，现在你们要按我们的方式来。阿诺德将军闻此惊恐不已，立即召见他在欧洲的指挥官艾拉·埃克，告诉他这个坏消息：区域轰炸占了上风。

但艾拉·埃克可是“轰炸机黑手党”，他是不会轻易放弃的。

埃克这样回忆：

“将军，这完全没有道理。我们的飞机和装备不适合夜袭，机组人员也没有接受过实施夜间轰炸的训练。在黑暗中飞回这个被大雾笼罩的岛屿可能造成的人员损失，会比我们在白天攻击德国的目标时可能造成的人员损失还要大。”我继续说，“如果他们要犯这种错误，把我开除好了，我不干了。”“嗯。”他说，“我就知道你会有这样的反应……你列出的种种原因，我同样心知肚明，但是……既然你这么坚持，我看看能不能跟首相约个时间，让你明天上午跟他谈谈。”

埃克回到住处，熬夜给丘吉尔写了一封信。每个人都知道丘吉尔不会读超过一页的文件，所以简报必须确保简短且令人信服。

我到时，老首相正在下楼，一旁是高高的玻璃窗，阳光透过橘子园照进室内，他身穿空军准将制服，整个人容光焕发。听说他有一个习惯：见海军时，穿海军制服；见空军时，穿空军制服；以此类推。他说：“将军，我向你们的总统提出请求，让你停止白天的轰炸行动，加入皇家空军和上将亚瑟·哈里斯一起实施夜间轰炸。可阿诺德将军告诉我，你对此非常不高兴。”我说：“是的，长官。我在这张纸上陈情了反对原因，我已在英国服役了很长时间，知道您会在做出决定前听取争论双方的意见。”于是他在沙发上坐了下来，拿起那张纸，叫我坐在他旁边，读了起来，他看起来像个上了年纪的老人，嘴唇微动，声音隐约可闻。

埃克在那张纸上写了什么呢？一些他能想到的最根本的理由。“我说，如果英军晚上轰炸，美军白天轰炸，这样昼夜不停地轮番轰炸，那些恶魔就得不到片刻喘息。”

读到简报上的这一观点时，丘吉尔自言自语地重复了这些话，好像在试图理解其中的逻辑，然后他转向埃克。

他说：“你没能让我相信你是对的，但是你说服了我，应该再给你一个机会来证明你的观点。因此，今天中午和你们的总统一起吃饭时，我会告诉他我要撤回我的反对意见，撤回我要你加入皇家空军一同执行夜间轰炸的请求，并建议让你的昼间轰炸再进行一段时间。”

作战计划暂时幸免于难，美军取得了回旋的余地。

2

设身处地地想想“轰炸机黑手党”当时的处境：艾拉·埃克、海伍德·汉塞尔、哈罗德·乔治、唐纳德·威尔逊等来自陆军航空兵团战术学校的人，为了打败纳粹德国，一直在与最亲密的盟友并肩作战；然而，盟友看似却无法理解他们的先进作战思想和观念。

首次到英国时，埃克住在了皇家空军上将亚瑟·哈里斯的家中，亚瑟·哈里斯有一个别名，叫“轰炸机哈里斯”，他每天早晨会和埃克一起，驱车前往位于海威科姆的轰炸机司令部。

历史学家塔米·比德尔解释说：

非常奇怪的是，尽管艾拉·埃克和亚瑟·哈里斯信奉的轰炸理论截然不同，但他们成了关系亲密的好朋友。他们真的很喜欢对方。事实上，哈里斯曾对埃克说，如果我和我妻子吉尔发生什么意外……我们希望你能收养我们的女儿杰姬，我们想让你当她的教父。这是一种非常有趣的关系，因为他们俩各自主张的轰炸方式截然不同。

哈里斯上将对士气轰炸的深信不疑一定让埃克有些反感，或者至少让他感到困惑。回顾一下，英国人刚刚经历了什么？闪电战。闪电战堪称教科书式的区域轰炸。1940 年 9 月 4 日，希特勒宣布：“总有一天，我们中的一个会溃不成军，但那不会是国家社会主义德国！”1940 年秋，他派出的德国轰炸机以迅雷不及掩耳之势掠过伦敦上空，投下 5 万吨高爆炸弹和 100 多万枚燃烧弹。

希特勒相信，如果纳粹轰炸伦敦东部地区的工人居住区，他们就能摧毁英国民众的意志。因为英国人秉持同样的想法，所以，他们害怕纳粹的闪电战会让他们输掉战争。英国政府预计，将有三四百万居民逃离伦敦，恐慌会在人群中蔓延，心理问题也会接踵而来，因此当局甚至接管了伦敦周边所有的精神病医院。

但实际情况又如何呢？事态远没有那么严重！恐慌从未出现。

正如 1940 年英国政府拍摄的一部影片所描述的：“伦敦抬起头来，抖掉因夜晚轰炸而落在头发上的碎片，审视着敌人造成的破坏。她在夜间受到了伤害。拳击场上伟大拳手的特质是，被击倒后还能再站起来。每天早上，对伦敦来说又是新的一天。”[2]

因为没有人来看病，精神病医院被转作军事用途。轰炸伊始，一些妇女和儿童被疏散到农村，但大部分人留在了城里。随着闪电战的继续，德国的攻势越来越猛烈，英国当局震惊地发现，面对轰炸，民众不仅表现出了勇气，还展现出了一种近乎冷漠的态度。

帝国战争博物馆后来采访了闪电战的许多幸存者，其中有位名叫埃尔西·伊丽莎白·福尔曼（Elsie Elizabeth Foreman）的女士，她这样描述：

敌人发动轰炸袭击时，我们总是去防空洞躲避，等爆炸声短暂消停。可以说，我们对这一切早已习以为常。有时人们只能待在床上，但大家仍然常去参加舞会。遭遇空袭时，如果有人想出门，他们还是会出门，就是这样。在电影院里也一样，空袭发生在大家看电影的时候……我们通常就坐在那里，寂然不动，也不往外跑，直到第二波轰炸来袭。第一波轰炸来临的时候，我们其实不会往外跑，只是玻璃被震碎了……

我妹妹回到家时，发现因为爆炸，窗户玻璃碎了一地，于是她把屋前的玻璃扫到路边，这时我大姐走了出来——当时空袭警报还没有解除，两人大声吵起架来，原因是妹妹穿了大姐最好的高跟鞋。在那个年代，高跟鞋和丝袜一样珍稀……四处仍有炸弹落下，两人却一边扫玻璃，一边为一双鞋而激烈争吵。[3]

事实证明，人们比想象中更坚强、更坚忍不拔；事实也证明，日复一日地轰炸一个国家，也许并不会使其人民失去信心，反而只会增加他们对敌人的仇恨。区域轰炸支持者在描述他们的轰炸效果时，巧妙地使用了一个欺骗性的词语：无房可住。这让人感觉好像可以在不打扰住户的情况下，只炸毁他们的房子。但是，如果我的房子被敌人炸没了，我难道不会更依赖我们的政府，更努力地维护政府的形象吗？

对于区域轰炸，历史学家塔米·比德尔看得更长远一些："纵观轰炸史，我们一次又一次地看到这种情况，如果作为轰炸目标的国家（如果我们说的是强制轰炸、远程强制轰炸）真的下定了决心要承受这一切，它总有方法能做到。"

当闪电战幸存者西尔维娅·琼·克拉克（Sylvia Joan Clark）被问及她是否曾经认为德国人会打赢这场战争时，她回答说：

不，我从来没这么想过，我为自己是英国人而自豪，我认为他们永远不会打败我们，永远不会。我心里有一个想法，如果我的工作能帮助每个人，我们就能取得最终的胜利……我以前常对别人说，难过没有用。我原本有一个家，有母亲，有父亲，但我失去了他们。可是，我已下定决心，我不会再畏惧任何人，我要活下去，我要努力工作。英国还会是原来的英国，我为此深感自豪。[4]

有人曾统计闪电战给英国造成的损失，确定有超过4.3万人死亡，数万人受伤，100多万幢建筑遭受不同程度的损毁。但是，闪电战并没有起作用！既没对伦敦起作用，也没对伦敦人起作用，它并没有瓦解英国民众的士气。然而，仅仅两年后，英国皇家空军却置此教训于不顾，提出要对德国人做完全相同的事：实施区域轰炸。

艾拉·埃克说，他和皇家空军上将哈里斯住在一起的时候，进行过一些讨论——尽管我猜“争论”这个词可能更恰当。他们会秉烛畅谈。埃克说，有一次，他对哈里斯直言：“我问哈里斯，轰炸伦敦有没有击溃英国人的士气。他说轰炸使他们工作得更努力了，但他认为德国人对区域轰炸的反应应该会不一样，因为德国人与英国人本性不同。”[5]

在埃克和其他“轰炸机黑手党”成员看来，英国人的这种态度毫无意义，但直到后来，他们才明白其中的原因。原来，英国人也有他们自己的“轰炸机黑手党”——对于如何使用空中力量遵循着一系列教条。事实上，“黑手党”这个词不太准确，英国的更像是仅有一个“黑手党”成员，也就是名叫弗雷德里克·林德曼的“黑手党教父”。

3

第二次世界大战结束后的几十年里，各研究领域的学者都试图弄清这场战争的意义，其中有位名叫查尔斯·珀西·斯诺的英国科学家非常有名，他在二战期间曾任职于英国政府，在剑桥大学当过老师，还是一位成功的小说家。他几乎与英国所有的知识精英都是朋友。1960 年，他到哈佛大学做了一次演讲，演讲的大部分内容都是关于弗雷德里克·林德曼的故事。斯诺认为，在英国选择空中力量的使用方式上，林德曼的作用被严重低估了。斯诺说，如果你想了解英国人对待轰炸的那种令人困惑不解的态度，你就必须了解林德曼。

正如斯诺在哈佛大学的演讲中所说：

> 林德曼肯定是一个非常了不起、非常奇怪的人，他是一位真正的重量级人物……
>
> 林德曼不像典型的英国人。我一直认为，如果你在林德曼的中年时期遇到他，你会认为他是个中欧商人，是过去常能在意大利高级酒店遇到的那种人……
>
> 我是说你可能会以为他来自德国杜塞尔多夫，他体态臃肿，面色苍白，穿着总是很得体，他的德语说得甚至比英语还好，事实上，他说英语时带有一点儿德语的口音——如果你能听见，因为他总是用一种特别控制的方式喃喃自语。

弗雷德里克·林德曼（后被封为彻韦尔勋爵）1886 年出生于德国，父亲是富有的德国工程师，母亲则是继承了一大笔财产的美国人。林德曼是一名物理学家，第一次世界大战前在柏林获得了博士学位，当时的德国是全球物理学的研究中心，同事们常将林德曼的大脑与牛顿的大脑进行比较。林德曼对数字的记忆力超乎寻常：当他还是个孩子的时候，他就会读报纸，并且仅凭记忆就能说出大量过目的数据。他能舌战群儒。他与爱因斯坦交往颇多，有一次他俩一起吃饭时，爱因斯坦提到了一个自己无法证明的数学命题，第二天，林德曼就漫不经心地说自己有了答案：他在浴缸里泡澡时把题解了出来。

那时人人都在谈论林德曼，对斯诺这样的作家来说，与林德曼有关的流言蜚语自然颇具吸引力。

他的激情超越了生命……这种激情让我想起……巴尔扎克小说中那种夸张的偏执狂。他本可以成为巴尔扎克小说中的典型人物。当然，我想说的是，他是一个令小说家手痒的人物。

他从不贪图感官上的享受，是所有素食者中脾气最暴躁的一个。他不仅是素食者，而且对待你认为可能是素食的饮食，他也浅尝辄止。他主要以波特萨鲁特奶酪、蛋清（蛋黄显然不够素）、橄榄油和大米为食。

林德曼古怪却聪明，但他出名的最主要原因是，他是温斯顿·丘吉尔最好的朋友。两人于 1921 年在威斯敏斯特公爵夫妇安排的一次晚宴上相识。丘吉尔是贵族，林德曼是富豪，两人有共同的交际圈，还很合得来。如果你读过丘吉尔写给林德曼的信，就会发现他对林德曼满怀崇敬之情。[6]

心理学家丹尼尔·韦格纳提出了一个很美的概念，叫作“交互记忆”，即我们不仅仅将信息存储在大脑或其他特定的地方，也将记忆和理解储存在我们爱的人的头脑中。例如，你不需要记住孩子和老师的情感关系，因为你知道你妻子会记住它；你不需要记住如何使用遥控器，因为你知道你女儿会记住。这就是交互记忆，我们自己一点一滴的记忆会驻留在别人的脑海中。韦格纳说过一段非常令人感伤的话：一对夫妇中的一个人在另一个人去世时经常会说我的一部分随着对方的离世也死去了，这是千真万确的，爱人去世时，你储存在他大脑中的所有东西都随之消失了。[7]

丘吉尔的个性也决定了他和林德曼的关系。丘吉尔能总揽全局，有远见卓识，对人类心理和历史有着直观且深刻的理解，但他情绪不稳定，一直在与抑郁症做斗争。他是个冲动的赌徒，没有数学头脑，一生中总是因愚蠢的投资而损失惨重，他在 1935 年这一年内买酒花的钱相当于现在的 6 万多美元。当上首相不到一个月，他就破产了。

我们看到，丘吉尔是一个几乎没有常识的人，他欠缺数学能力，没办法有条不紊地过好自己的生活。那么他能和谁成为最好的朋友呢？对方当然最好是一个严格自律、刻板、一日三餐总吃同样三种东西的人。这个人在数字的世界里得心应手，当他还是个孩子的时候就会读报纸，并且仅凭记忆就能说出大量数据。

丘吉尔把所有与数据有关的思考都储存在林德曼的大脑里。1940 年，丘吉尔成为首相时，战争刚刚爆发，他把林德曼安排在自己身边工作。林德曼就在丘吉尔的内阁中扮演其思想守门人的角色，他和丘吉尔一起参加会议、一起吃饭。林德曼从不喝酒，但和丘吉尔一起吃饭时会破例。丘吉尔是个大酒鬼，带动林德曼也喝起酒来。林德曼周末会去丘吉尔的乡间别墅，有人见过两人凌晨 3 点坐在火炉边一起看报纸。

正如斯诺所说："这是一段绝对真实而深厚的友谊，两人都为此付出了代价。当林德曼被丘吉尔的其他亲密伙伴排挤时，温斯顿坚持己见。他们想赶走林德曼，但丘吉尔不同意。"

对丘吉尔来说，林德曼最具说服力的话题表述之一就是轰炸。林德曼坚信，摧毁敌人意志最可靠的方法就是对城市进行狂轰滥炸。但是，林德曼有证据支持自己的观点吗？没有。事实上，这正是斯诺演讲的全部要点——表明科学家、杰出的知识分子林德曼为了支持自己的观点而无中生有、歪曲事实：

> 从来没有人想过怎样真正地使用这些轰炸机，人们只是对使用轰炸机就一定能够取胜有着盲目的乐观。它是战争的一种方式。可以这样说，林德曼以其一贯的偏执狂热，和所有英国人一样，忠于这种信仰。1942 年年初，他决心把它付诸行动。

在美国陆军航空兵团战术学校里，"轰炸机黑手党"谋划对德国采用精确轰炸的策略。林德曼却推广相反的方法，对此，斯诺所能想到的唯一解释是，这与林德曼的个性有关。林德曼简直是一个虐待狂，他觉得把敌人的城市夷为平地是一件大快人心的事："他的周围笼罩着莫名的抑郁气氛，他不太能理解自己生活的真谛，也不太擅长处理重要的事情。他措辞严厉，恶毒怀恨，有一种恶意的、虐待狂般的幽默感，但无论如何，你会觉得他有点儿迷茫。"

一位传记作家曾经这样描述林德曼："即使他知道自己的论点是错误的，但如果使用这个论点能让他的职业对手哑口无言，他也会毫不犹豫地强词夺理。"[8]

他的一个朋友这样评价他："他确实缺乏人类应有的同情心，对任何一个碰巧与他没有私人关系的人都缺乏同情心。"[9] 有一次，有人问林德曼道德的定义是什么，他回答说："我把道德行为定义为能使朋友受益的行为。"[10]

瞧，如此一来，他也会说，我把体现人性道德的轰炸行动定义为能使我的朋友温斯顿·丘吉尔受益的行为。在林德曼诸多著名的备忘录中，有一份是写给丘吉尔的，斯诺这样描述这份文件：

文件建议，应该举英国全国之力制造轰炸机，训练轰炸机机组人员，用所有轰炸机及机组人员去轰炸德国工人居住的房子。他用数字量化了轰炸的效果……根据计算，如果竭尽全力，英国可以摧毁德国所有大城市中一半的工人住宅，也就是说，在 18 个月里，但凡人口超过 5 万的城镇，50% 的……根据林德曼的说法，50% 的房子将不复存在。

林德曼说服了丘吉尔。丘吉尔遂任命亚瑟·哈里斯（就是艾拉·埃克刚到英国时去他家住的那位亚瑟·哈里斯）指挥英国的轰炸行动。亚瑟·哈里斯是个精神病患者，被手下称为“屠夫哈里斯”。

哈里斯上任后发表的一份重要声明中援引了《旧约》最凄凉的先知书之一——《何西阿书》，他写道：“发动这场战争时，纳粹幼稚地妄想只有他们轰炸其他人的可能，而不会有其他人轰炸他们……他们种下了恶因，现在要自食恶果。”[11]

哈里斯接管了英国的轰炸行动，之后不久就对科隆发动了大规模的袭击，采用了夜间轰炸的策略，因为他们当然不需要看见自己的目标，不是吗？哈里斯派了1 000架轰炸机进入德国，乱扔炸弹。最终，英国皇家空军的轰炸行动几乎将科隆市中心夷为平地，轰炸土地面积达600英亩①，超过3 000所房屋被毁，科隆市区的90%毁于一旦。[12]

传说，有一次，还在战争期间，哈里斯因超速被警察拦下。警察说：“先生，您开得太快了，这样会死人的。”哈里斯回答说：“既然你提到‘死人’，那我就告诉你吧，我的职责就是杀人——杀德国人。”[13]

多年以后，1977年，哈里斯接受了英国三军电台的采访。这时，他已有30多年的时间来反思自己的行为。②但当谈及臭

① 1英亩≈4 046.86平方米。——编者注

② 在英国皇家空军执行轰炸任务时，美军战俘库尔特·冯内古特被关押在德国德累斯顿。1969年，冯内古特出版了小说《第五号屠宰场》。尽管它被归为科幻小说，但其大部分内容是根据冯内古特作为美军战俘在德累斯顿的经历写成的。这部小说位居《纽约时报》畅销书排行榜16周之久。

名昭著的任务（指挥轰炸机部队将德累斯顿夷为平地）时，他仍然没有丝毫懊悔之意：

是的，人们喜欢说："噢，可怜的德累斯顿，那么漂亮的城市，那里出产的穿褶边裙的小陶瓷牧羊女那么美，在别的地方很难见到。"但事实上，它是最后一个可用的……德国的行政中心。它实际上还是德国预备役部队在苏联和我们自己的军队前方由北向南行军的最后一条路线。[14]

从表面上看是因为要阻止德军取道德累斯顿，哈里斯派轰炸机3天内炸毁了市中心1 600英亩的土地，炸死了25 000名平民。当被问及为什么他的目标是平民而不是军事设施时，哈里斯反驳道：

我们并没有特别针对平民，我们的目标是一切可以让德国军队继续战斗的生产行为，这就是轰炸行动的所有目标。如我所说，包括摧毁德国境内所有建造潜艇的设施和军备工厂，以及在那里工作的人。在我看来，他们都是现役军人，从事军火生产的人必须被当作现役士兵对待，否则你如何对其加以区分呢？[15]

在我看来，他们都是现役军人。孩子、母亲、老人、医院的护士、教堂里的牧师。如果你跳出来说，我们将不再瞄准特定的轰炸目标，你可就越界了。那么，你就不得不说服自己，士兵和母亲、孩子及医院的护士并没有什么区别。

“轰炸机黑手党”陈述的所有论证，以及它们存在的全部理由，就是他们不想越界。他们不只从技术方面论证，还论证了如何发动战争才能体现人性道德。关于精确轰炸的创始人卡尔·诺登，最重要的事实既不是他是一位杰出的工程师，也不是他是一个无可救药的怪人，而是他是个虔诚的基督徒。

正如历史学家史蒂芬·麦克法兰所说：

你可能会想，如果他认为自己是在为人类服务，那他为什么会研发投弹瞄准器帮人们投掷炸弹呢？因为他坚信，通过提高轰炸的准确性，他能拯救很多生命。

他真的相信陆军和海军告诉他的，那就是我们要摧毁的是战争机器，而不是战争中的人。我们不会像第一次世界大战时所做的那样，屠杀数百万士兵，我们更不会去屠杀数百万平民，我们只会试着去炸毁工厂和战争机器。他相信了这一点，这是他基本处世之道的一部分，是他基督徒的品性。

因此，对指挥官艾拉·埃克将军来说，午夜前往卡萨布兰卡拯救精确轰炸是他一生中最正气凛然的一次行动。回到英国的空军基地后，他说，在欧洲战场，我们需要一个新的作战计划，一个能向英国人表明还有更好的方式来发动空战的计划。他找了谁来拟订这个计划呢？海伍德·汉塞尔。当时已荣升为将军的汉塞尔是美国陆军航空队中最受人瞩目的青年才俊之一，也正是这位汉塞尔，有一天在关岛突然被柯蒂斯·李梅抢走了饭碗。

第 4 章

双重任务

1

海伍德·汉塞尔生在南方的高级军人世家。他的曾祖父的祖父约翰·W. 汉塞尔曾在美国独立战争中服役，曾祖父的父亲威廉·杨·汉塞尔是 1812 年战争中的陆军军官，曾祖父是联盟军的将军，祖父是联盟军的军官，他的父亲则是陆军的外科医生，参加晚宴时总是穿着白色亚麻套装，头戴巴拿马草帽。海伍德本人则喜欢像英国军官那样，手持一根短手杖。大家都叫他“负鼠”，这是他童年时的绰号。

汉塞尔又瘦又矮，舞技超群，喜欢写诗，还是吉尔伯特和沙利文歌剧的爱好者。他最喜欢的书是《堂吉诃德》。在他眼里，飞行是生命中最重要的事情，马球屈居第二，家庭则排在第三位。传说，在他刚结婚不久时，有一次他听到婴儿的哭声，就转向他妻子问：“那是什么呀？”“那是你儿子。”她说。[1] 他作为飞行员执行的最后一次战斗任务是轰炸比利时，途中，为了让机组人员一扫疲态，汉塞尔演唱了一首歌舞杂耍剧院流行的歌曲《空中飞人》（The Man on the Flying Trapeze）。正如斯诺所言，汉塞尔是那种让小说家手痒的人物。

战争时期，作战部队有义务向媒体通报战斗成果，以便国内民众了解战争的进展。但是，军方的新闻稿往往因为充斥着委婉的表达、巧妙的阐述和对事实的篡改而显得“水分”颇多，以至于如果把它们放在水中，它们都会立即沉到水底。相比之下，来看看 1944 年 12 月的一份新闻稿吧，那是汉塞尔在关岛的总部口述的：“我们没能把所有炸弹都投放在我们想投放的地方，因此，我们对迄今为止所做的事情都不太满意。我们仍处于早期的实验阶段，还有很多东西要学，还有很多操作和技术方面的问题要解决。”[2]

我们还有很多东西要学。这就是汉塞尔：毫不畏惧的诚实，有点儿天真，但从根本上讲，他是一个浪漫的人，散发着浓烈的浪漫主义气息。他在弗吉尼亚州的兰利机场工作的那段时间，有一天在一家旅馆的大厅里遇到了一位年轻女子——来自得克萨斯州韦科市的多萝西·罗杰斯小姐。汉塞尔立即把自己约好见面的女伴送回了家，返回旅馆，邀请多萝西·罗杰斯和她的姨妈一起吃晚饭。多萝西·罗杰斯觉得他很烦人，他却觉得她讨人喜欢。后来她回到得克萨斯州，他就每天都给她写信，写了有大半年的时间，她只回了两三封。后来，两人于 1932 年结婚。

汉塞尔最喜欢的书是《堂吉诃德》，这是情理之中的事。堂吉诃德是一个英勇的骑士，他为重振骑士精神而行侠仗义、游走天下。他把风车当作巨人，与之展开恶战，和假想的敌人战斗，结果四处碰壁。堂吉诃德会给一个他几乎不认识的女人写几百封信，即使她对他不理不睬。但是对军人来说，堂吉诃德是一个怪胎，难道不是吗？堂吉诃德坚持着一个理想，但这个理想从未实现过，它只是基于一种错觉的理想罢了。他以为他在让世界变得更美好，但事实并非如此。想想《堂吉诃德》中的这段话吧，海伍德·汉塞尔在关岛遭受耻辱之后，很可能在漫长的退休生活中读到过这段话，并因自我认同而产生畏缩情绪：

简而言之，堂吉诃德如此沉迷于他的这些书，以至于从黑夜到白天，从白天到黑夜，都在钻研这些书：由于缺乏睡眠且日夜不息地翻阅，大脑渐渐枯竭，终于失掉了理性。他的幻想里满是在书中读到的东西：魔法、争吵、战斗、挑战、创伤、求爱、爱情、痛苦，以及种种荒唐无理的事。他读得如此入迷，以至于书中所有的幻想和虚构，他都信以为真，在他看来，世间任何历史都不如书中的内容那般真实。[3]

这里面有不少海伍德·汉塞尔的影子。

1931年，汉塞尔被派往麦克斯韦机场时，是一名年轻的陆军中尉，他于1935年被任命为陆军航空兵团战术学校的指导员，此后很快便脱颖而出，成为全校最有头脑的人物之一。当艾拉·埃克为了消除英国人的疑虑，为高空昼间精确轰炸理论物色辩护人时，他会选谁是毫无疑问的——当然是海伍德·汉塞尔，因为他是精确轰炸理论最忠实的信徒。

2

在1967年的一次演讲中，汉塞尔描述了他当时面临的首要问题："选择目标本身就是一件相当复杂的事情，需要评估判断破坏哪个特定产业会对德国的作战能力产生重要影响。"[4]

汉塞尔需要找到一个部署在英国的美国轰炸机能轻易飞到并摧毁的目标，这个目标还要对纳粹的战争意图有深远的影响，摧毁它将使德国军队尝到苦头。它必须是一个具体的东西，比如，把德国中部水道莱茵河上的铁路桥作为目标没有任何意义，因为莱茵河上有几十座铁路桥，分布在数百英里长的河流上，对组织实施的人来说，要轰炸这些桥梁简直是一场梦魇。

后来，汉塞尔听说了德军炸毁英国考文垂的劳斯莱斯飞机引擎厂后发生的事。德军的袭击并未取得完全的胜利，但它炸毁了大楼的天窗，使工厂车间只能任凭风吹雨淋。他这样描述当时的场景："一场雨后，成千上万套的滚珠轴承因受潮生锈而无法使用，在急需发动机的时候，发动机的生产因此停止，很明显，滚珠轴承产业的风吹草动会令需要旋转机件的机器制造业界神经紧绷。"[5]

汉塞尔想知道滚珠轴承是不是德国的致命弱点。

为什么偏偏考虑滚珠轴承呢？因为它是各机械装置的核心部件：一些涂有润滑油脂的小金属球被包裹在钢圈里。例如，自行车的车轴内部就有滚珠轴承，在轴和套中间充当微型钢辊，使自行车车轮能自如地转动。一辆好的公路自行车价格高达数千美元，其生产成本包括一些非常复杂、先进的材料的费用，但是如果没有价值两三美元、直径 0.25 英寸的滚珠轴承，它将无法行驶。汽车发动机或任何带有旋转部件的机械装置，都是如此。

卡尔·诺登在制造投弹瞄准器原型时，也面临滚珠轴承引发的问题。投弹瞄准器是一台由几十个移动部件组成的机械计算机，只有当每个部件都能精确地旋转到正确的位置时，它才能精确计算。所以，如果轴承的滚珠大小不一，或者滚珠不够光滑，整个投弹瞄准器就只能被丢弃报废。

诺登是如何解决这个问题的呢？历史学家史蒂芬·麦克法兰做了说明："他雇了几十个人，每人花一天（或两三天）来打磨一个滚珠，他们每 20 秒测量一次，以确保它是绝对的球体。"

麦克法兰说，问题在于，战争开始后，诺登必须制造出成千上万台投弹瞄准器，这意味着他不能再采用手工打磨轴承滚珠的方式。

于是，他的合伙人，也就是负责生产的巴思，想出了解决问题的妙计。巴思跑到一家公司说："我想让你们生产一批滚珠轴承，几十万个吧。"待滚珠轴承交货后，他雇人对每个滚珠轴承进行检测，发现完美的或者满足公差要求的滚珠轴承后，就会将其用于制造投弹瞄准器。为了找到一个合适的滚珠轴承，他们可能要检测五六十个甚至一百多个，他们会把不合适的统统扔掉，即使如此，总的算来，这种方式仍是最经济的。

在现代战争中，滚珠轴承事关全局。那么，德国的滚珠轴承制造厂都在哪里呢？后来人们发现，它们几乎全都集中在巴伐利亚州施韦因富特——一个中世纪风格的小镇，这里共有5家独立的制造厂和数千名工人在昼夜不停地生产，每月为德国的战争机器供应数百万个滚珠轴承。

施韦因富特是“轰炸机黑手党”的空想。用塔米·比德尔的话来说就是：

消灭那个目标，就可能会使整个德国的战时经济陷入瘫痪，这正是美国人所寻求的，他们认为滚珠轴承制造厂应该是他们的目标。

这有点儿像从一栋由卡片搭成的房子里抽出了关键的一张卡片，那会导致整栋房子坍塌，或者像抽掉蜘蛛网的一根丝，那会使整张网四散开来。这就是美国人认为他们需要做的事情。同样，这是一个雄心勃勃的计划，虽然它建立在未经证实的假设上，但实现它并非白日梦。

陆军航空队的战略家们起草了这场战争中最具独创性的计划：兵分两路发动袭击，大部队由230架B-17轰炸机组成，将被派往施韦因富特去轰炸那里的滚珠轴承制造厂。

因此，为了大部队的袭击能够顺利进行，就得转移一下德国军队的注意力。在 230 架 B-17 轰炸机飞往施韦因富特之前，另一支 B-17 轰炸机编队将起飞前往德国人制造梅塞施密特战斗机的基地——施韦因富特东南的小城雷根斯堡。美国战略家们的想法是，对雷根斯堡的袭击会使德国防守战斗机起飞应战，美国轰炸机编队的任务就是吸引他们，拖住他们，为前往施韦因富特的轰炸机机群扫清障碍。也就是说，飞往雷根斯堡的轰炸机编队只是诱饵。

那么，他们选择谁来指挥施韦因富特突袭行动中这支至关重要的诱饵轰炸机编队呢？能找到的最优人选是陆军航空队中年轻的上校柯蒂斯·李梅。

3

柯蒂斯·李梅出生于俄亥俄州哥伦布市一个贫困的大家庭，在兄弟姊妹当中排行老大，大学就读于俄亥俄州立大学工程学院，其间在一家铸造厂上夜班补贴家用。李梅大学毕业后参军成为一名陆军战士，在军队中平步青云：33 岁时已是上尉，然后晋升为少校、上校、准将，到 37 岁时已荣升为少将。

李梅是一名硬汉。他方头大脸，留着近似中分的发型，头发硬挺有力地向两侧梳开。他是玩扑克的高手，还是一名神枪手。他思考问题时总会向前看，从不左顾右盼。他理性、冷静，从不自我怀疑。

以下是 1943 年采访他时所做的文字记录。那时李梅在英国指挥第305轰炸机大队。他刚带着手下完成了一次轰炸任务后降落在机场，接受了这次采访。[6]

问：李梅上校，今天任务完成得怎么样？

李梅：嗯，一切都很顺利，只是，和之前的任务相比，这次的任务很没意思，敌人没有出动战斗机，高射炮也不多，而且打得非常不准。

任务结束后，影片摄制组对飞行员进行采访时，其他人都在兴奋地说笑。来采访的可是影片摄制组！这可是出名的好机会呢。但李梅（身材矮小，胸膛粗圆，神态暴戾）却面无表情地看着镜头，他如何评价这次深入敌方腹地的突袭呢？他直言它很没意思。

问：昨晚您向我们展示了您将采用的编队队形——飞行时您的确采用了那样的队形吗？

李梅：是的，飞行的队形和我们昨晚设想的完全一致。

问：您的投弹手表现如何？工作完成得还不错吧？

李梅：完全正常发挥。

问：咱们的普雷斯顿少校呢？他是否很好地履行了自己的职责？

李梅：是的，他一如既往地机警、敏锐。

李梅就这样平铺直叙地回答着，既没有抑扬顿挫，也没有添油加醋。可以肯定的是，李梅上校是不会为自己的士兵们演唱《空中飞人》的。

问：那手下其他人呢？他们的工作完成得怎么样？

李梅：机组人员也都一切正常。

问：也就是说，您没有任何怨言。

李梅：一点儿也没有。

毫无怨言，柯蒂斯·李梅不是那种会抱怨的人——至少不会对外人抱怨。相反，假设影片摄制组采访的是海伍德·汉塞尔，他一定会侃侃而谈，自嘲一番，然后请大家到他的军官宿舍小酌一杯。汉塞尔对待这种事情的方式与李梅截然不同。

战前，还在麦克斯韦机场时，汉塞尔是以王牌飞行员克莱尔·陈纳德为首的飞行敢死队中的一员，他们会驾驶战斗机完成一些在普通人看来简直是天方夜谭的惊险特技，尽管战斗机的设计并不适合执行这样的惊险任务。汉塞尔自己也承认，他能活下来是个奇迹。汉塞尔会加入敢死队，这很符合他的浪漫气质。而李梅呢？他可一点儿也不浪漫。

同为空军将领的李梅的战友拉塞尔·多尔蒂（Russell Dougherty）很喜欢讲一个故事，故事讲的是很久以后，李梅在听取新型飞机 FB-111 的介绍时的场景：

情况介绍会持续了大约两天半的时间……最后，终于结束了。李梅自始至终没说一句话，只是坐在那里……大家全部发言完毕后，李梅将军说："就这些对吗？""是的，长官！就这些。"这之后，李梅站起来说了句："还不够长。"就走了出去。这是他唯一的评论。[7]

两天半的情况介绍会，他用四个字就把大家打发了。

1942年秋，李梅随第八航空队来到英国，指挥驻扎在切尔维斯顿的B-17轰炸机中队，很快就为自己打响了名声。

举个例子，为了在2万英尺的高空实施精确轰炸，假设你率领一支B-17轰炸机编队深入敌方腹地上空，你如何保护自己的轰炸机不受敌方战斗机的攻击呢？尽管轰炸机装备有机枪，机身也有装甲，但人们很快发现，一旦与敌军交火，这些防卫措施远远不够。因此，李梅发明了一种叫作"箱式战斗编队"的战术——一种让一群轰炸机一起飞行的方式，这样它们就能轻轻松松地抵御敌人的攻击。很快，这个战术就在第八航空队内被广泛采纳，之后，李梅把注意力转向了更大的问题——他手下的飞行员。

正如退休很久后李梅在一段口述历史中所说的那样："显然，轰炸效果还不是很好。"[8]

轰炸机上配有能够对炸弹坠落区域拍照的照相机，拍摄的照片被称为打击照。机组人员回到基地后，李梅查看了他们的打击照，发现炸弹都落在了目标之外的地方。"不仅目标没被摧毁，而且照相机没能拍照记录下大多数炸弹的实际命中区域。当然，照相机的确在拍摄打击照，但对于那些被运送到欧洲大陆的炸弹，照相机只拍到了不足一半的炸弹落点。”

原因是飞行员没有径直地飞向他们的轰炸目标。他们认为，径直飞向目标将使自己成为高射炮的活靶子，因为地面的敌军炮兵可以轻易地估算出飞机飞行的速度和高度并据此瞄准，所以飞行员总是采取规避战术动作，直到轰炸的最后时刻才直接飞向目标，这也是炸弹总是偏离目标的原因。如果飞机只在最后时刻才对准目标，那么投弹手怎么能很好地使用投弹瞄准器呢?

李梅解释说：“必须采取措施，让投弹手有击中目标的机会，这意味着需要更长的轰炸机朝目标直线飞行的时间，以便投弹手有足够的时间将投弹瞄准器调整到水平位置。”

李梅认为只有一个解决办法：飞行员必须停止规避动作，直接飞越目标上空。这与当时的主流观点背道而驰。“和我交谈过的所有参加过战斗的人都认为，如果你这么做，高射炮准能把你击落。”李梅说。

但这只是个人之见，李梅是一位实证主义者，他回去翻出自己以前的炮兵手册进行了一番研究，并对高射炮需要用多少发炮弹才能击落一架 B-17 轰炸机进行了计算。他回忆说：“我的计算结果是，需要 377 发炮弹才能击落一架轰炸机。在我看来，这结果不算太糟糕。”

高射炮想要击落一架直接飞向目标的 B-17 轰炸机，就必须发射 377 发炮弹。这不是小数目，因此，直线飞行有风险，但风险不算太大。

所以李梅说，让我们试试吧，我们径直飞入敌方领空，采用时长 7 分钟的直来直去的进攻方式。如果这听起来像是要自杀——他手下的飞行员都觉得像，他补充道，我将是第一个尝试的人。在 1942 年对法国圣纳泽尔的轰炸袭击中，李梅带头不采取规避动作，结果如何呢？他们命中目标的炸弹数量是之前的两倍，而且未损失一架战斗机。

后来在越南战争期间担任美国国防部长的罗伯特·麦克纳马拉曾分析二战时期的美国陆军航空队。在埃罗尔·莫里斯导演的精彩纪录片《战争迷雾》中，麦克纳马拉这样描述李梅在听说很多飞行员会采取规避战术动作之后的情景：

他是我在战争中遇到的所有部队中最优秀的战斗指挥官。但他非常好斗，很多人认为他很残忍。他发布了一项命令，说："每次执行轰炸任务，我都要亲自带队，每架起飞的战斗机都要飞过目标，否则机组人员将被送上军事法庭。"他就是这样的一位指挥官。[9]

"轰炸机黑手党"都是一些理论家，是一些知识分子。战前的几年里，他们在亚拉巴马州蒙哥马利这样的安全地带构想出了宏伟的作战计划，而柯蒂斯·李梅是那位弄懂了如何将这些理论付诸实践的人。

就像李梅在谈到那次取消了规避动作的轰炸任务时说的那样："我得承认，当我们第一次采用直接飞向目标的轰炸战术时，我和机队中其他人一样都感到有些不安，但它是成功的。”

他说，我承认有些不安。仅此而已！

4

李梅让人感到好奇（好吧，是让我感到好奇）的原因并非他是一位杰出的战斗指挥官，杰出的战斗指挥官在第二次世界大战中有很多，而是在于李梅的人格魅力，他高深莫测——给人一种与众不同的感觉，这多少会令人兴奋，因为这也意味着李梅甚至可以完成别人无法想象的事情，与此同时，这会令人望而却步。不妨想想麦克纳马拉形容李梅的那个词——残忍。况且，麦克纳马拉这样描述李梅，并非因为他待人处事态度温和而对李梅有所忌惮，麦克纳马拉后来也曾在越南战争中指挥对越南民主共和国的饱和轰炸。然而，李梅却能令他望而却步。

另一个关于李梅的故事发生在1937年，它引起了军方人士对李梅的私下讨论。当时，欧洲爆发战争的可能性越来越大，陆军航空兵团希望能有机会来演练自己的轰炸技术，是那种真实的演习，只不过用的是假炸弹——50磅重的水弹。多年后，李梅仍会将那次演习娓娓道来：“自我参军时起，航空队就一直致力于为国防事业做出自己的贡献，但没有人关注我们的演习……我们想要的演习是向战列舰投掷炸弹。首先需要找到战舰。”[10]

为了让演习顺利进行，陆军航空兵团需要海军的配合，在海上隐蔽一艘战舰，仅在最后时刻说出它的坐标，看轰炸机能否找到。那时还没有精密的雷达和导航系统，想找到一艘战舰，要用肉眼看到才行，然后，才能在几千英尺的高空从以数百英里的时速飞行的轰炸机上投下炸弹，击中战舰那狭窄的甲板。

海军对此不太感兴趣。

“最终，他们同意进行一次演习，8 月在西海岸附近进行。行啊，8 月的西海岸海域，方圆 1 000 英里除了雾什么都没有，我敢肯定他们故意选了这么一个时间。”[11] 李梅说。

在绵延千里的大雾中，如何才能发现一艘战舰呢？更糟的是，海军不按套路出牌。根据约定，演习将持续 24 小时——从第一天中午到第二天中午，但直到第一天下午的晚些时候，海军才公布其军舰（“犹他号”军舰）的坐标，而且他们给的坐标是错误的，偏了 60 英里。茫茫雾海，迟来的错误指令，这简直比大海捞针还难。

距第二天中午还有 10 分钟（即演习的最后时刻）的时候，李梅找到了那艘军舰，投下了他的炸弹。没错，他当然找到了那艘军舰，因为只要李梅下定决心，没有什么是他做不到的。但这不是故事的重点，重点是在他投弹之前战舰上的情况。

海军确信他们的这艘军舰不会被发现，所以没采取任何预防措施，水手们都在忙自己的事情——他们本应在轰炸演习中隐蔽，但他们没有。

李梅做了什么呢？他还是轰炸了“犹他号”军舰，让 50 磅重的水弹像大雨一样倾泻而下，砸在了水手们的身上。

正如李梅回忆时所说的那样：“水手们涌向跳板和舱口，我们听到传言说有人受伤了。”[12]

李梅在其回忆录中说，他听说有些水手在轰炸演习中丧生。他还写道：“我还记得，我看到第一枚水弹砸向甲板，顿时木片四溅，当时我没想到木头竟能被砸成那样。”[13]

士兵伤亡和军舰损坏并没有引起李梅太多的关注，毕竟他的工作是找到那艘军舰。结果，他的确找到了，在他看来，更好的结果是他炸到了船的甲板，还顺便知道了水弹击中木制甲板会产生的物理效果。

康拉德·克兰是位于卡莱尔兵营的陆军遗产和教育中心的历史文献办公室主任，并且曾担任美国陆军军事历史研究所主任，他将李梅称作历史上最伟大的空军指挥官：

> 他是一位精力充沛的领导者，与手下的飞行员们共渡难关。他还是空军最好的领航员，是一名了不起的飞行员；他能完成一些机械方面的工作；他既懂技术，又有很好的领导能力，是空军终极问题的解决者。
>
> 但他这个人吧，你在交代给他工作后，最好不要过问太多。

好，我们再来想象一下，1943 年夏，“轰炸机黑手党”的心里是怎么想的。他们需要验证自己在陆军航空兵团战术学校时构建的轰炸战术理论，他们要能对纳粹的战争机器发起致命一击，他们需要证明滚珠轴承制造厂是德国军事基础设施的“命脉”。对施韦因富特的突袭将是证明他们的空战战术优于英国的最佳机会。选谁来部署这次轰炸任务呢？当然是麦克斯韦机场的最高首领海伍德·汉塞尔——人们能想到的最优秀的领导人之一。此外，又选谁来负责完成此次任务中最困难的部分——对雷根斯堡的佯攻呢？真的别无他选了。

在影片《空军故事》（*The Air Force Story*）中，解说员这样描述当时的场景："1943 年 8 月 17 日黎明，英国……第八轰炸机司令部的 376 架 B-17 轰炸机整装待发，此次任务是轰炸美军列出的两个最关键的目标：位于施韦因富特的滚珠轴承制造厂和位于雷根斯堡的梅塞施密特飞机制造厂，两者都深处德国腹地。"[14]

其中，飞行员的故事也是用第一人称讲述的：

上交个人物品的时候，大家心里都很清楚，计划中的双重任务将是一场代价高昂的大规模空战。在英国各地的教堂里，大多数人都在向自己的牧师、拉比或神父求助……今天我们的双重任务是对德国进行最深入的打击，出动的也是迄今为止派遣的最大规模的轰炸机部队。[15]

第5章

双倍下注

1

空袭施韦因富特前夕，柯蒂斯·李梅接到命令，要他在一次精心策划的诱饵行动中任指挥官，他将率领由B-17轰炸机组成的第四轰炸机联队率先起飞，前往雷根斯堡的梅塞施密特飞机制造厂。[1]

当时的计划是，李梅的轰炸机联队要引战并缠住负责保卫梅塞施密特飞机制造厂的德国军队，之后轰炸机联队继续深入，穿过阿尔卑斯山脉飞往北非，希望这样能尽可能地把德国战斗机引出滚珠轴承制造厂的所在地巴伐利亚。

李梅后来在回忆这次行动时说："我们要飞到雷根斯堡的上空实施轰炸，然后撤离布伦纳山口。撤离时不用和敌军交火，但是当德军的战斗机飞来时，我们将首当其冲。"[2]

然后真正执行轰炸任务的部队——第一轰炸机联队，就会到达他们的目的地。

李梅这样描述道：“他们将如入无人之境，因为这时德国的战斗机正在与第四轰炸机联队交战……然后还要飞回地面重新装填弹药。飞入和飞出时，他们还需要突围。”

李梅就是李梅，在袭击之前，他早就开始担心天气状况。因为他时常需要从雾霭弥漫的英国空军基地起飞，所以在突袭前几周的时间里，他让自己的队员日复一日地练习盲飞起飞。

果不其然，8 月 17 日执行任务的那天早上，大雾经久不散。他还记得当时的情况：“英国的天气状况非常糟糕。事实上，那天早上我们出去的时候，大家不得不带上提灯和手电筒，才勉强将飞机从跑道尽头的硬地面上开出来。”

李梅带领手下飞上昏暗的天空，进入被德军占领的法国时，云层后出现了德国战斗机的身影，第四轰炸机联队立刻尝到了迎头扎进德军中坚防空火力的苦果。

几个月后，李梅手下的一名飞行员贝尔尼·雷（Beirne Lay）在《周六晚邮报》（*Saturday Evening Post*）上刊发了一篇文章，描述了对雷根斯堡的突袭行动，读来令人肝肠寸断。

一个银色的长方形金属物体从我们飞机的右翼上方飞过，我认出那是机舱主出口的一扇门。几秒后，一团黑色物体疾速飞进编队，好几次差点儿撞上螺旋桨，原来是一个人，他身体蜷缩，头顶着膝盖，像跳水运动员翻腾 3 周时那样翻滚着飞过，一度离我们很近，我都能看到有张纸从他的皮夹克里被吹了出来……在 1 个多小时的时间里，我们不断遭到攻击。当时看来，我们肯定是要全军覆没了，空中的敌军战斗机仍是火力全开，颇有遮天蔽日之势。抵达轰炸目标上空还需再飞 35 分钟，我们所有人都惊疑不定，心想如果我们继续向前肯定会全军覆没。[3]

雷还描述了他们大队中的另一架飞机：它被击中 6 次，一枚 20 毫米口径的炮弹打穿飞机的右侧，在飞行员身下爆炸，炸伤了一名机枪手的腿；第二枚炮弹击中了无线电舱，将无线电操作员的小腿直接炸飞，他因失血过多而死；第三枚炮弹击中了投弹手的头和肩膀；第四枚炮弹击中了驾驶舱，炸毁了飞机的液压系统；第五枚炮弹炸断了方向舵传动钢索；第六枚炮弹击中了 3 号引擎，致其起火。这些都是发生在同一架飞机上的事情，飞行员仍在继续飞行。

战斗持续数小时后，美军轰炸机才抵达雷根斯堡上空，这时唯一让他们感到宽慰的是，他们让真正的轰炸袭击（一次将摧毁纳粹战争机器的轰炸袭击）变得容易多了。

只是精心构想的诱饵任务后来被证明根本没能奏效。李梅手下的飞行员能够在 8 月那个早晨的大雾中起飞，是因为他对他们进行了应对大雾挑战的特殊训练。他提前开展训练，让他们在起飞时假装看不到外面的任何东西，只使用仪器，一次又一次地练习。但其他指挥官没有像李梅那样做。战争期间，轰炸机机组人员常因往返英德的长途飞行而疲惫不堪，因失去战友而悲痛欲绝，他们失眠、焦虑、精疲力竭。这种情况下，如果再跟飞行员们说“今天早上 6 点，我们要练习盲飞起飞，因为今后执行任务时可能会遭遇大雾天气”，你知道这对指挥官来说有多难以启齿吗？

只有李梅能这样说，他坚持己见、冷酷无情，在逼迫手下的士兵进行一项看似毫无意义的演练时，不在乎他们是否会抱怨。这期间，海伍德·汉塞尔注意到雾中起飞这个细节了吗？没有。他回到了华盛顿，在思考些更崇高的问题。

因此，那天早上，第一轰炸机联队的轰炸机一直都停在跑道上，直到后来天气放晴。他们本应该比第四轰炸机联队晚 10 分钟起飞，但事实是他们的起飞时间比李梅他们晚了几个小时，这给了德国守军重新集结的时间，使纳粹空军能够像几个小时前攻击轰炸雷根斯堡的美军轰炸机机群那样，对袭击施韦因富特的美军轰炸机联队发起同样猛烈的进攻。

结果，大屠杀在同一天两次上演。

正如李梅所回忆的：“我有 125 架飞机，损失了 24 架，我想结果还不错。但我们只飞单程。我想第一轰炸机联队一个小时后飞入敌方领空时，德国战斗机已着陆并再次大量升空迎战。第一轰炸机联队不得不在飞入和飞出时都与德国战斗机交战，他们损失了五六十架飞机。”

这次的损失大得惊人。航空兵团如果定期发动这样的袭击，很快自己就会宣告覆灭。

即使在官方历史记述中，美国航空兵团也无法掩盖这场灾难，在影片《空军故事》中，解说员曾这样描述它：

戈林率领的纳粹德国空军使出了所有的绝招，B-17 轰炸机部队遭受了自战争爆发以来最残酷的打击……一天内阵亡的士兵、损失的飞机数量超过第八轰炸机司令部前6个月在欧洲战场损失的总和。我们把战火引到了500英里外敌人的工业中心，却比任何人都清楚这么做的代价有多高昂。

开始遭遇高射炮射击时，我们的机枪手能够感觉到，德国空军正在热身迎战。在敌方的领空飞行，我们感觉自己就像碗中的金鱼，任人处置。

现在，每架轰炸机都朝着目标义无反顾地径直飞去，在喊“投弹”之前不能再做任何规避动作。这时，轰炸机编队最容易受到攻击，但这已不重要：我们要完成计划在施韦因富特实施的空袭，投下400吨烈性炸药。[4]

但是，至少这次任务炸毁了施韦因富特的滚珠轴承制造厂，使纳粹元气大伤，是这样吗？其实并没有。

影片中，投弹手们注视着他们的瞄准器，弹舱门打开，炸弹倾泻而下。然后，远远地能看到下方德国的土地上，爆炸的浓烟一次又一次升腾而起。解说员继续说道：“两个主要的滚珠轴承制造厂被炸了80次之后，我们的轰炸机又可以自卫了，至少可以采取规避动作来躲避高射炮和战斗机的射击，但现在最主要的是赶快回家。”[5]

230架轰炸机，每架携带八九枚炸弹——假设总共投下了2 000枚炸弹，只有80枚命中了目标。这听起来可称不上精确轰炸，对吧？

2

然而，施韦因富特空袭所暴露的根本问题并不在于作战计划被搞砸。任务没能按原计划执行只是一种表象，真正的问题在于“轰炸机黑手党”作战思想体系的机械基础——诺登投弹瞄准器。

事实证明，投弹瞄准器在实战中的表现并不像在卡尔·诺登的实验室或军事训练影片中所展现的那般令人满意。我问历史学家史蒂芬·麦克法兰，在理想条件下，投弹瞄准器是否好用，他回答说：

> 嗯，如果我们讨论的是单纯的数学方面的问题，理论上讲，好用。但别忘了，齿轮和滑轮转动时会有摩擦，并且不管滚珠轴承打磨得多光滑，不管尺寸公差多符合要求，仍然会有摩擦的问题。一丁点儿的摩擦就意味着数学模拟会被打乱，无法再进行精确计算。

诺登投弹瞄准器是个机械装置，如果手工制作，可以确保它每个部件都有很高的尺寸精度，各部件都能非常完美地装配在一起。可是，战争爆发后，军队需要成千上万台诺登投弹瞄准器。

麦克法兰解释说：“瞄准器一出厂，内部的油脂就开始变稠。在 25 000 英尺的高空，气温低至零下 60 摄氏度，齿轮和滑轮的润滑油会变稠，摩擦也会变大。”

试想一下，一台性能如此不稳定的机器，在执行实际轰炸任务的投弹手（刚从培训学校毕业的孩子）手中会有怎样的表现呢?

麦克法兰继续说：

> 敌人在向你开火，敌机以每小时五六百英里的速度靠近你，还有可怕的叫喊声、尖叫声、炸弹爆炸发出的巨响，现场的一切都会令投弹手皱起眉头，且让我用这个词来形容。随着他们越来越专注地试图让十字准星对准目标，他们的身体会前倾，但是这样做时，他们实际上改变了望远镜的视角……瞄得不可能很精确了。

这还没提到最重要的因素，也就是天气。诺登投弹瞄准器依靠目测来发现目标，投弹手通过望远镜观察，看到想要攻击的目标后输入所需信息：风向、温度、地表曲率、飞机相对于空气的速度等。当然，如果目标上空有云，这一切都是徒劳的。在精密雷达出现之前，这个问题无法解决。你只能交叉手指祈祷，希望能有个晴天。如果天上有云，战斗任务有时会被取消。[①] 但在通常情况下，人们还是会选择去碰碰运气，他们也必须这样做，不然如果飞机停在跑道上太久，就会失去突袭的机会。

第八航空队在雾中起飞，飞往施韦因富特的滚珠轴承制

---

① 顺便说一下，现在很多军用无人机也有此类问题，它们需要先看到目标才能够瞄准。

造厂，他们投下了2 000枚炸弹，其中80枚命中了目标。80枚炸弹根本不足以摧毁一个大规模的工业园区。库格费西（Kugelfischer）滚珠轴承制造厂是德国最大的滚珠轴承制造厂之一，袭击发生后，一名员工回到工厂察看受损情况时，发现厂房的上层已经完全坍塌，到处都是碎片，但至少一半的关键设备仍完好无损，他可以很快地让它们重新运转起来。[6]海伍德·汉塞尔以为他找到了典型的“命脉”——与匹兹堡的螺旋桨弹簧制造厂重要性相当，但是一个能在几周内恢复运行的工厂并非命脉。

最乐观地估计，这次袭击使德国滚珠轴承的产量大约减少了三分之一。为此付出的代价是损失了60架飞机、552名飞行员被捕或牺牲，看来也不足惜？后来，陆军对其轰炸任务的官方调查分析《美国战略轰炸调查报告》得出结论：“没有证据表明，针对滚珠轴承制造厂的袭击对必要的战争物资生产有可衡量的影响。”[7]

如果这次袭击是“轰炸机黑手党”想证明其作战理论有效的一次尝试，那它真是他们的一场灾难。历史学家塔米·比德尔说：

> 美国人本不应如此胆大妄为，因为他们还没有真正证明自己的作战理论更好，可他们显然认为自己的方法、技术和理论要高级得多。
>
> 他们尚未做出多少成绩，却都有美国人特有的骄傲和自大，来到这个战区的他们认为规则会因他们而变得不同，他们能做一

些英国人无法做到的事情。

然而，历经施韦因富特的灾难之后，“轰炸机黑手党”又做了什么呢？他们又试了一次。1943年秋，第八航空队再次空袭了施韦因富特。

战争结束几年后，电影《晴空血战史》上映了。影片根据李梅手下一名飞行员贝尔尼·雷所写的小说改编，由格利高里·派克扮演对滚珠轴承制造厂发动袭击行动的指挥官。这部电影值得一看，因为它完美地捕捉了“轰炸机黑手党”对愿景的坚持。第一次他们失败了，但这没什么，他们会再试一次。尽管有越来越多的迹象表明诺登投弹瞄准器有诸多局限，但他们没被困难吓倒，梦想还在。

就像电影中以艾拉·埃克为原型的普里查德将军说的那样：

> 尽快打赢这场战争的唯一希望是昼间精确轰炸。如果我们叫停，昼间轰炸就宣告失败了，我也不知道是否结局只能如此。如果我们不摧毁德国的工业，我们可能就会输掉这场战争。
>
> 你能猜到接下来会发生什么，弗兰克。对已经经历了太多战斗的人来说，每个人都不应该再被要求去干这样的工作，但我只能指望你了，我得让你带上那些小伙子，直到他们不能再飞，然后，回来把他们放下，然后，再带上他们飞几次。[8]

在这部电影中，对施韦因富特滚珠轴承制造厂的轰炸并没有按照其实际发生的时间顺序拍摄，这显然是出于好莱坞商业电影的考虑，因为第二次突袭只比第一次成功一点点，它的确使敌人遭受了更大的损失，但德国的飞机工业并没有因此陷入停滞，甚至都没有丝毫停滞的迹象。但第八航空队在第二次突袭中损失了多少架飞机呢？整整 60 架；有 17 架损坏得十分严重，以至于不得不停用；650 名飞行员牺牲或被俘虏。这次任务后，近四分之一的机组人员再也没能回家。此后不久，第八航空队的指挥官艾拉·埃克被重新任命，调到了地中海战区。在军队中，这样的任命和不让你吃晚饭就送你回房间休息不相上下。

对“轰炸机黑手党”来说，1943 年是黑暗的一年，他们的想法接连在现实中破灭。他们宣称能在 30 000 英尺的高空把炸弹扔进泡菜桶，现在看来，似乎是个笑话。轰炸机应该能飞得很高、很快，没有飞机能追上它。开玩笑吧？按规定，美国第八航空队的飞行员在服役期间需要执行 25 次飞行任务，但如果你参与了对施韦因富特的第二次袭击任务——执行那次任务的机组人员中四分之一的人没能回来——照此计算，经过 25 次这样的飞行作战任务之后，你能活下来的概率有多大？

很多参加过二战的航空队战士对那段令人绝望的岁月记忆犹新。对他们的采访多达几十个，其中有一名战士叫乔治·罗伯茨（George Roberts），他曾是第八航空队 B-17 轰炸机上的无线电报务员，他回忆道：

> 我们被分配到一个中队，第 367 轰炸中队，后来我发现，外

面有条醒目的标语，上面写着：第367泥鸽中队基地。好家伙，我想，这名字真有趣，居然用“泥鸽”来形容一支作战队伍。但是……后来我才发现，“泥鸽”中队名副其实。[9]

“泥鸽”本指射击比赛中使用的靶子：用黏土做成的圆盘，被打到时会碎成碎片，上有橙色荧光，以便识别和定位。对一个轰炸机中队来说，这可不是个鼓舞人心的名称。

欧洲战区敌我之间相持不下，“轰炸机黑手党”面临的压力越来越大。英国人对第八轰炸机司令部也越来越蔑视。与此同时，华盛顿的高层试图将空战推向新的方向，他们呼吁对德国发动另一种轰炸，袭击明斯特市。明斯特市不是工业中心，那里没有飞机制造厂，没有滚珠轴承制造厂，也没有炼油厂，它只是一座风景秀丽的中世纪小镇，住满了德国平民。

执行过这次任务的飞行员基思·哈里斯（Keith Harris）回忆说：

我们在第390中队之前起飞，去德国明斯特执行任务。那是一个周日，阳光明媚，天气很好，是一个美丽的秋日。我们的轰炸目标是明斯特的建筑群。我觉得把明斯特一栋大建筑物上的大台阶作为瞄准点非常不合适。[10]

他说的大建筑物是明斯特大教堂。当时，第八航空队奉命周日中午时分轰炸这座教堂，这个时间正是人们做完弥撒后从教堂中走出来的时候。

在飞行前的简报会上，飞行员们都惊呆了：这不是他们当初参军时签约要做的事，这不是第八航空队应该做的事。一位在严格遵守教义的卫理公会信徒家庭长大的领航员找到他的指挥官，说自己不能这么做，这是英式的区域轰炸，而不是美式的精确轰炸。指挥官告诉他，如果他不执行这次飞行任务，他将面临军事法庭的审判。因此，他最终还是屈从了。[11] 知道当时还有谁也在简报室，对眼前所发生的一切表现出困惑不解的样子吗？海伍德·汉塞尔。后来，他手下的一名飞行员一言以蔽之："汉塞尔将军大惊失色。"[12]

3

战争期间，年轻的统计学家利昂·费斯汀格曾参与美国陆军航空队的某些项目，他的工作是设计出更好的方法来选拔飞行学员，这听起来像是一种枯燥的学术行为，但是当你想起在1943年那漫长的战争岁月里航空队所面临的一切有多可怕时，你就不会这么想了。费斯汀格的工作在本质上是要研究并决定哪些年轻人更应该被送到（就统计数据而言）几乎是必死无疑的地方去。

利昂·费斯汀格后来成为美国著名的社会心理学家。战后，他完成了自己最著名的一项研究：对芝加哥"寻求者"邪教组织的分析。我一直在想，他在航空队的工作经历是不是他进行这项研究的动机。费斯汀格想通过研究“寻求者”来回答一个问题，这个问题也一定是多年前在“轰炸机黑手党”的所有信仰都被证明是错误的之后在他脑海中闪现过的问题：当信仰被现实打败时，忠实的信徒们会怎么做？

正如费斯汀格所回忆的那样：“人们必须具有符合（说明）自己的感觉或行为的认知，这一观点使我们马上想到的第一件事就是：如果信仰能起作用，它一定具有非常普遍的影响。”[13]

“寻求者”的首领多萝西·马丁（Dorothy Martin）声称自己与一群被她称为“守护者”的外星人保持着联系。她说，“守护者”告诉她，世界将在1954年12月21日被洪水淹没，但在世界末日到来的前几天，她和她的追随者们将被一架飞碟救走。届时，飞碟将会降落在她家的后院。为了迎接这一时刻的到来，“寻求者”们做了一些准备，他们辞去工作，离开家人，并把财产统统赠予他人。他们聚集在多萝西·马丁位于芝加哥郊外奥克帕克镇的家中。最初，马丁说飞碟会在12月17日4点到达，结果并没有来。后来，到午夜时，马丁说她收到了一条新消息，说飞碟正在赶来的路上，结果还是没见踪影。再后来，她说外星人给了她一个新的日期：12月21日的午夜——恰好在世界末日来临之前。于是，“寻求者”们再次在马丁的客厅里聚集，等待着，殷切地盼望着。

费斯汀格回忆说：“我们有理由相信他们的预言不会成真，然而却有一群如此忠诚于某种预言的人，他们深信不疑，辞掉工作，卖光家产，在为世界末日做准备，为他们的个人救赎做准备。”[14]

费斯汀格在其著作《当预言失败时》（*When Prophecy Fails*）的开篇几页描述了世界末日前夜多萝西·马丁家的情形，内容值得引用：

> 首先，假设某个人全心全意地相信某件事；其次，假设他对这种信念无限忠诚，并因此采取了无法挽回的行动；最后，假设有人在他面前摆出证据——明确且不可否认的证据，证明他的信念是错误的。那会发生什么事呢？[15]

征得多萝西·马丁的同意后，费斯汀格和他的两个同事在“寻求者”等待的时候对他们进行了观察。费斯汀格描述了事情的经过：

> 当壁炉架上的挂钟显示，离飞碟到达的原定时间只剩 1 分钟时，多萝西·马丁紧张地尖声喊道：“计划从未出错！”午夜 12 点，钟声敲响，在充满期待的寂静中，每一下声响都清晰得令人痛苦。信徒们一动不动地坐着。
>
> 人们可能会期待看到信徒们的一些反应。到了后半夜，还是什么也没发生……但仍几乎看不到那个房间里的人有什么反应，没有人说话，没有声音，人们一动不动地坐着，面部看上去像是冻僵了一样，毫无表情。[16]

“寻求者”们在座位上呆呆地坐了几个小时，慢慢地接受了没有天外来客会拯救他们这一事实。但是，这种信仰“失验”使他们都放弃信仰了吗？没有。那天早上4点45分，马丁宣布她又收到了一条消息，她说因为“寻求者”们坚定不移地忠诚于自己的信仰，上帝已经叫停了对世界的毁灭。

据此，费斯汀格得出了什么样的结论呢？结论是，你对某种信仰投入得越多——为此做出的牺牲越大，你就越抗拒那些表明你的信仰有误的证据，你不会放弃自己的信仰，反而会双倍下注，愈信弥坚。

正如费斯汀格在口述历史中回忆的那样：“我们预计会发生的事情是，在‘寻求者’深信的预言落空之后……他们会……不得不抛弃自己的信仰，但从他们的忠诚程度来看，放弃自己的信仰是很难做到的一件事。”[17]

再看1943年那漫长的、令人沮丧的夏秋时节和袭击施韦因富特造成的灾难。海伍德·汉塞尔和“轰炸机黑手党”有没有因其间发生的事情而放弃他们深信不疑的作战理论呢？当然没有。8月17日，首次空袭施韦因富特之后，汉塞尔在给艾拉·埃克的信中写道：“不用说，我为我们对雷根斯堡—施韦因富特的轰炸行动感到非常自豪。尽管我军也损失惨重，但我认为这完全在合理范围内，这次行动是战争的转折点之一。”[18]

当然，这是汉塞尔的妄想，袭击施韦因富特并没有成为战争的转折点。但如果你问汉塞尔他为什么会那样想，他会告诉你很多理由：他们还在学习中；他们运气不好，遇上了倒霉的天气；

他们应该下周再来一次轰炸，直到把所有工厂都炸毁。① 汉塞尔还会告诉你，或许滚珠轴承制造厂并不是最好的目标，但还有其他目标，不是吗？炼油厂怎么样？这就是忠实信徒的思维方式。

然而，“轰炸机黑手党”这个小圈子外的一个人并不这样想，他就是柯蒂斯·李梅。和其他人一样，他也曾在麦克斯韦机场的陆军航空兵团战术学校接受过必修科目的训练。然而，他并未成为“轰炸机黑手党”中的一员。李梅的性格特点，即他对做什么和如何做的那种追根究底，使他具备了某种特质，从而能够抵制任何令人思想狂热的事物。他能保证手下的飞行员都不采取规避动作，径直地飞向轰炸目标；他能向手下灌输不要在恐慌中逃生的纪律思想；他能训练他们在雾中起飞。李梅被实际挑战吸引，对理论学说反而无动于衷。

在 1971 年的一次采访中，李梅更是直言不讳地说，几经推理得出的袭击施韦因富特的理由从未令他感到信服：“他们的想法是，他们（五角大楼那些坐在转椅上的目标分析师）发现了那里的滚珠轴承制造厂，他们以为德国大部分的滚珠轴承产自那些工厂，如果能把它们炸毁，敌人就会因缺少滚珠轴承而停止战斗。”

他说的五角大楼的那些目标分析师，指的是喜欢异想天开地

---

① 希特勒的军备和战争物资生产部长阿尔伯特·施佩尔在其回忆录中详细描述了施韦因富特行动，他说盟军停止继续袭击是“敌人的错误”，他指出：“对滚珠轴承制造厂的轰炸突然停止了，这相当于盟军放弃了已经到手的胜利。假如他们继续攻击……以同样的火力，我们很快就会奄奄一息。”[19]

揣摩如何打垮敌人的海伍德·汉塞尔和他的“轰炸机黑手党”。

李梅继续说道：“这个作战计划还行——基本上还行，但我们需要的是找到用更小的代价打赢这场战争的方法。别处再也找不到这么残忍的、视手下战士生命为儿戏的衣冠禽兽了。”

柯蒂斯·李梅看重的是最后的结果。他在袭击雷根斯堡的诱饵行动中损失了24架轰炸机，每架轰炸机上有10名机组人员，也就是说，他手下有240名战士再也没能返回自己部队的基地，这意味着李梅和他手下飞行中队的首领们须在第二天写240封信：“亲爱的史密斯先生和太太，你们的儿子……”“亲爱的琼斯先生和太太，你们的儿子……”这样的话要写240遍。但是，这一切是为了什么？

空军军官肯·伊斯雷尔在李梅将军的晚年认识了他，他们常一起打猎。[①] 有一次，伊斯雷尔到李梅位于南加州的家中去送他们在萨克拉门托北部的比尔空军基地打到的一些野鸡。回忆此事时，伊斯雷尔这样说：

我按响门铃后，他给我开了门，邀请我进屋。我说：“长官，我把您的野鸡拿来了。”我走进他家的前厅，只见它全用大理石建成，左边墙上有一幅巨大的壁画，画的是雷根斯堡……对面墙上也有一幅壁画……画的是施韦因富特。

于是我问：“长官，这是雷根斯堡和施韦因富特吗？”他说：

① 李梅的地下室里有一个射击室。这对喜欢打猎的人来说当属自然。

“是的，小伙子。”他只说了句：“是的，那次我们失去了好多优秀的战士。”

最终，柯蒂斯·李梅让人们看到的是一名美国空军军官所能具有的最富传奇色彩的职业生涯。他策划或指挥了无数比雷根斯堡—施韦因富特突袭意义更重大的任务。1948—1949年，他负责指挥了冷战之始的关键事件之一——柏林空运。李梅最终成为美国战略空军司令部的最高统帅，掌管着美国的核武库。服役期间，他会见过全球众多国家的领导人，并和那些我们只能在历史书上读到的人物合影留念。他本可以在自家前厅悬挂与这些大人物的照片作为纪念，但他没有；在他家房子通道两侧，他挂了画有雷根斯堡和施韦因富特的壁画，提醒自己如何首次真正领教了“轰炸机黑手党”的作战理论，提醒自己那次行动中有多少失败和机毁人亡。

第二部分

诱惑

本书第二部分的故事都发生在关岛、日本和其他一些东方的地点。但在这之前，我想讲一个近期发生的故事。

为写这本书做调研时，我和我的播客制作人雅各布·史密斯（Jacob Smith）一起去了东京。飞机着陆后，我俩乘出租车前往一个被称作“东京大轰炸与战灾资料中心”的博物馆，它纪念了我在本书后面几章中描述的事件——柯蒂斯·李梅和“轰炸机黑手党”之间斗争的结局。

我经常参观战争博物馆。例如，我去过伦敦的帝国战争博物馆，知道朗伯斯路的分馆坐落在一栋宏伟的大楼里，除此之外，伦敦还有两处分馆，英国其他地方也还有两处，把这些馆都参观一遍需要几周的时间。至于纪念碑或纪念馆，我也见过很多，如位于华盛顿特区大草坪上的越战阵亡将士纪念碑和以色列犹太人大屠杀纪念馆。它们都由世界著名的建筑师设计，都别具一格，十分震撼人心。

因此，当我和雅各布在东京坐上出租车时，我以为我们要去的是上述博物馆通常所在的地方，或在市中心，或靠近京都御所，但是我们没有，我们走的是相反的方向，远离了商业区和游客。我们向东走，走过了一条平淡无奇的商业街，经过了一座大桥，又走了很远的路程，然后左转拐进了旁边的一条小巷，司机停了下来。我纳闷，该不会是司机误会了我的意思吧？我把地址写在了一张纸上，难道是我写错了吗？我又把地址给司机看了看，他点了点头，指了指外面。果然，我眯起眼努力向外张望时，发现了博物馆的牌子，只见面前是一栋三层砖砌建筑，看起来更像医院的办公楼。

走进去之后，我们先看到的是旁边的一个小礼品店——实际上只有几个书架，再旁边是一个放着一堆折叠椅、看起来像是教室的房间，里面正在播放一段导览视频。然后，我们穿过一个小庭院，上楼，来到主展厅。展厅地板是油毡的，墙上挂着许多黑白照片，天花板上挂着一个按比例制作的 B-29 轰炸机模型——能在玩具店买到的那种。参观结束后，雅各布在博物馆前给我拍了一张照片，现在我手机里还保存着这张照片，它看起来就像我刚从牙医那里出来似的。

众所周知，1945 年 8 月，美国向日本的长崎和广岛投下了原子弹：用“艾诺拉·盖号”B-29 轰炸机投了两颗代号分别为“胖子”和“小男孩”的原子弹。纪念这些事件的大纪念碑和纪念馆有很多，涉及这个主题的历史书多得可以排成数行，关于它的争论直到今天还在继续。我正要写完本书的时候，恰逢广岛和长崎原子弹爆炸 75 周年纪念日，在那一天，人们一遍又一遍地重温那段记忆。

然而，东京大轰炸与战灾资料中心并未收藏关于日本遭受核打击之后的资料，它讲述的是 1944 年 11 月到 1945 年冬末发生的事情，也就是从海伍德·汉塞尔全权指挥到柯蒂斯·李梅接任并策划对日轰炸这段时间，揭示的是些许人们未关注到的历史片段。

为什么不为人们所重视呢？从一定意义上讲，这正是本书后半部分想要讲的：当柯蒂斯·李梅和“轰炸机黑手党”把他们的注意力从英国和欧洲转移到世界的另一端——太平洋中部的马里亚纳群岛的时候，发生了一些事情，让所有参与其中的人都感到不便，或无法忍受，或难以启齿，或三者皆有。

我们有时会忘记一些事情，所以在此提醒大家一下，本书后半部分描写的不是战争故事，它更像一个以战争为背景的故事。后续内容将解释其原因。

第6章

梦想破碎

1

战争总是荒谬的。几千年来，人类一直在以消灭彼此的方式解决分歧，要么在相互杀戮，要么在花大量的时间和精力构想下次应当如何消灭敌人。这一切想想都让人觉得有些奇怪。

尽管战争都荒谬，但程度有所不同。二战时期发生在欧洲的战争至少与以前的战争相似，是人们熟悉的荒谬：邻国间的近距离交战。诺曼底登陆需要跨越的英吉利海峡，人们可以徒手横渡；地面上，士兵手持步枪行军，大型火炮是他们的常用武器。如果拿破仑能穿越到这一时期接受一周的培训，他也许可以像20世纪的任何一位将军一样，指挥盟军在欧洲各地征战杀伐。

但是太平洋战场上的战争呢？是荒谬的另一个极端。

美国和日本之间的接触和了解，可能比历史上任何两个交战国之间的接触和了解都少。更重要的是，两国之间的地理距离也是历史上任何两个交战国中最远的。太平洋战争，从定义上讲，是一场海战，后来，随着冲突的加剧，成为一场空战，而且太平洋战场规模之大，使其成为一场前所未有的空战。

例如，日本偷袭珍珠港时，美国陆军航空队的主力战斗机是被称为“飞行堡垒”的 B-17 轰炸机，就是李梅、汉塞尔和艾拉·埃克在欧洲使用的那种。“飞行堡垒”的航程大约是 2 000 英里——往返各 1 000 英里。但是，在 1944 年 1 月，东京方圆 1 000 英里内找不到一个由盟军控制的空军基地：澳大利亚距离日本有 4 000 多英里，夏威夷也一样远，菲律宾从地图上看是最近的，但当时菲律宾被日本占领，直到 1945 年年底才被美国完全夺回。抛开这些不谈，菲律宾首都马尼拉和东京之间的距离也有 1 800 英里。

如果你是美国，想往日本扔炸弹，你会怎么做？在战争的大部分时间里，美军都在设法解决这个问题。第一步是制造有史以来最大的轰炸机——“超级堡垒”B-29 轰炸机，其有效航程超过了 3 000 英里。

解决问题的第二步是，占领西太平洋中部日本人控制的马里亚纳群岛中的三个小岛——关岛、塞班岛和天宁岛。马里亚纳群岛距离东京 1 500 英里，是能建飞机跑道的最近地点。如果能在马里亚纳群岛上部署一支 B-29 轰炸机部队，就能轰炸日本。日本人也知道这一点，于是导致了另一荒谬时刻的到来：二战中最悲惨的战斗之一爆发了，起因是战争爆发前西太平洋之外的人听都没听说过的三堆小小的火山岩。

海军陆战队被招来协同作战。老兵梅尔文·道尔顿（Melvin

Dalton）下士在回忆那场战斗时说：

我们的任务是削弱他们的火力，以便驳船上的部队能登陆海滩。

我们打了两三天后……又是一天的黎明时分，海上全是驶向海滩的船只和驳船，还有激烈得令人难以置信的枪声。到处都是尸体，漂在那里，没人有时间把它们捞起来，尸体都是后来被捞走的。我们海军陆战队对敌人的滩头阵地发起攻击，有时场面十分恐怖。[1]

1944 年夏，这些岛屿一个接一个地落入美国海军陆战队手中①，海伍德·汉塞尔也因此从华盛顿被派往新成立的第 21 轰炸机司令部。这是一支精英部队，完全由空军阵容中最新、最致命的武器——“超级堡垒”B–29 轰炸机组成，其任务是从空中摧毁日本的战争机器。美国军方高层认为，陆军登陆日本不可避免。第 21 轰炸机司令部要为陆地进攻铺平道路。

指挥对日空袭成为汉塞尔职业生涯中最重要的部分。当时，这可能也是整个陆军航空队中最重要的工作。但是从任何意义上说，空袭计划都是荒谬的——非常荒谬。首先，看看 B–29 轰炸

---

① 虽然确切的死亡人数仍是未知数，但据估计，到马里亚纳海战结束时，有 14 000 多名美国人在战争中受伤、失踪或死亡。大约 30 000 名驻岛日军几乎无人生还。现在，塞班岛上有一块刻有 5 204 个战士姓名的纪念碑，俯瞰着踏盼港。

机。1944 年，这是一种被紧急投入使用的全新型号的飞机，它故障不断，发动机会起火，并且缺少训练有素的飞行员，各种各样的问题层出不穷。①

此外，为了能够起飞去执行任务，这种新型武器还要被部署到最不适宜建设空军基地的地方。马里亚纳群岛又热又潮湿，到处都是蚊子，时常大雨倾盆。岛上既没有像样的建筑，也没有机库、道路和维修设施，只有一些帐篷和半圆形的铁皮小屋。②海伍德·汉塞尔，这位曾起草欧洲战场对付希特勒的空战计划并被授予勋章的将军，像童子军一样在外面露营。

维维安·斯拉文斯基（Vivian Slawinski）是美国陆军护理队的少尉，她在回忆美国接管天宁岛最初几个月的情形时说："岛上全是石头……还有老鼠，就连屋顶上都有老鼠，这是我无法忍受的，它们会跑下来咬人的头发，有几次它们都快碰到我的手了……我们没有医院，只有这些半圆形的铁皮小屋。"

采访斯拉文斯基的人注意到，那些小屋是铁皮搭建的，一定会很热。她回答说："哦，亲爱的，这里到处都很热。"[2]

---

① 早期的"超级堡垒"存在的一个问题是发动机容易过热。如果你是那时的 B-29 轰炸机飞行员，你最担心的事情是敌人向你射击，第二担心的事情是自己的飞机发动机起火。

② 不用说，李梅到来后，他对这样并不理想的环境无动于衷。事实上，他用一种近乎滑稽的乐观语气向妻子描述了荒岛的凄凉："这里的海滩不算太糟，珊瑚不多，大部分都是腐烂的，所以人们不会被它割伤。周围有很多海蛞蝓，但它们不会打扰你，有时它们会被冲上海滩，所以你会看到我们能在夏威夷看到的那种红土。"[3]

马里亚纳群岛唯一的可取之处是，日本在美军轰炸机的打击范围内。但是，即使这样说，也有点儿夸张。因为事实是，只有在完美的条件下，日本才会在美军轰炸机的航程内。要飞到日本，B-29 轰炸机首先需要额外装载 20 000 磅重的燃料，这会使飞机严重超载，平添危险。此外，在这种情况下，要有顺风劲吹，飞机才能从跑道上飞起来。这真是整个战争中，人们会面对的最令人抓狂的处境。

情况还会变得更糟。1944 年秋末，汉塞尔已准备好对东京发动第一次大规模空袭。战后，他在科罗拉多州斯普林斯的美国空军学院对班里的学生描述道："针对日本的第一次轰炸行动被称为'圣安东尼奥 1 号'。行动方案是经与参谋长联席会议制定的战略进行协调后制定的，因此行动的时机非常重要。"[4]

汉塞尔的轰炸机部队定于 1944 年 11 月 17 日起飞。那天天气看起来不错，万事俱备。拂晓时分，军方让媒体记者带着摄像机、闪光灯和麦克风，沿飞机跑道列队排开。出发前，汉塞尔亲自向飞行员们做了任务简报。"保持队形，不要让敌人的战斗机破坏了编队。还有，要让炸弹命中目标。"[5]

轰炸机排成一列，为了能够返航而额外加装的燃油让它们有些不堪重负，在沿着跑道天天刮的顺风的帮助下，它们即将起飞。

只是，那天早上没有了顺风。

汉塞尔回忆说："命令已下达，飞机预热好后，滑行到我们仅有的那条跑道的尽头，这时，大风——六周以来一直在跑道上刮的大风——突然停了。"

于是，那些超载的 B-29 轰炸机没能起飞。后来，风又起了，只是风向和需要的相反。汉塞尔能让所有飞机（共 119 架）都掉头、起飞而不错过任务执行窗口[①]吗？他不能。他只有一条半铺就的跑道，因此，他不得不取消这次任务。

更疯狂的是，当天的天气发生了第二次变化。

汉塞尔继续说：

三四个小时后，我们遭遇了强烈的热带风暴，后来又遇上了飓风和台风，这种天气持续了大约六天，营地变成了一片沼泽。这期间，我们的 B-29 轰炸机还都载着炸弹，随时待命。命令已经下达，我们非常担心会出现安全方面的漏洞，但现在改变计划已经太迟。我每天都在想，也许我们能行。我们派出气象飞机沿着海岸追踪飓风的路径，发现它和我们的轰炸机去日本的飞行路线重合。

结果，直到……一周后，我们才能够执行那次任务。

这些话是 1967 年汉塞尔对满屋的空军学员说的。当时，这些学员中的大多数正要去越南参战（顺便说一下，那是另一场极度荒谬的战争），所以他们在听汉塞尔讲话时，字字入脑入心，因为他曾在亚洲作战，那是他们接下来可能要去的地方。

然后有人问老将军：假如 1944 年 11 月 17 日早上，刚开始

① 窗口，此处指（执行任务的）最佳时段。——译者注

的时候，大风没有停下来或改变方向，会怎么样呢？假如那天早上您设法让所有的 B-29 轰炸机都成功起飞了呢？正如该学员指出的那样："假如轰炸机部队那天都准时飞离，可能就全军覆没了。"

汉塞尔回答说："当然有可能。"

当时，汉塞尔和所有陆军航空队的飞行员一样，都没有当今的精密电子导航设备可用。如果那天准时起飞成功，他的整个轰炸机部队（119 架 B-29 轰炸机，每架上有 11 名机组人员，共 1 309 名战士）都将会在高空的台风中不停地打转，无助地寻找跑道上的一丝灯光，而这时飞机燃油表上的指针却在不断地提示燃油即将耗尽。然后，它们会一个接一个地被海洋吞噬。

暴风雨持续了六天。汉塞尔接着说："如果在暴风雨到来之前的几个小时就成功起飞，这几个小时内的天气变化会使整个轰炸机部队全军覆没，因为轰炸机没有其他地方可去。"

在施韦因富特灾难中，海伍德·汉塞尔对精确轰炸理论的深信不疑受过一次考验，但他信仰不改；在马里亚纳群岛上，他的信念再次受到考验，只不过这次考验他的是"轰炸机黑手党"在麦克斯韦机场的研讨会上从未设想到的困难。

2

1944 年，海伍德·汉塞尔被调到马里亚纳群岛的同时，柯蒂斯·李梅也被从欧洲调往太平洋战区，指挥另一支新成立的

B–29 轰炸机精锐部队——驻扎在印度东部城市加尔各答附近的第 20 轰炸机司令部。

加尔各答位于印度东北角，是印度境内离日本最近的城市。美军当时的想法是，由于英属印度非常安全，所以 B–29 轰炸机可以从那里起飞，然后飞到中国成都附近一处人们排除万难在冬水田的泥泞之地上建成的机场[①]。在那里添加燃油，然后飞到日本，投下炸弹，再回到成都，再添加燃油，然后飞回加尔各答。就距离而言，这就像从洛杉矶飞往加拿大纽芬兰，中途在芝加哥加油一样。

还有一个重要的事实：在加尔各答和成都之间有世界上海拔最高的山脉——喜马拉雅山脉。飞行员们称喜马拉雅山脉为“驼峰”。如果说从马里亚纳群岛发动的空战是荒谬的，那么从加尔各答发动的空袭则更甚。

以下是李梅对飞越“驼峰”的描述，李梅可从不抱怨任何事。

那是让人受尽折磨的地狱……山脉的气象可谓名副其实的大杂烩——猛烈下沉的气流、大风和忽然而至的暴风雪，这都是在零下 20 摄氏度的气温下出现的，好像在提醒飞行员们，那穿破云层的是 29 028 英尺高的珠穆朗玛峰，距离他们的飞行路线只有 150 英里，他们经常能看到它。[6]

---

① 指广汉机场，修建于抗日战争期间，历经沧桑，为抗战做出了突出的贡献。——译者注

在整个战争过程中，你猜有多少架美国飞机在试图飞越“驼峰”时坠毁？700架。由于航线下方的深山峡谷、雪峰冰川间散落着这些飞机碎片，人们也将“驼峰航线”称为“铝谷”。

更糟糕的是，当时成都的机场没有航空燃油可用，四处荒无人烟——只有一条飞机跑道。很久以后，李梅手下有位名叫戴维·布雷登（David Braden）的飞行员记录下了一次与前空军准将阿尔弗雷德·赫尔利（Alfred Hurley）的会面。从中可以看出，每位飞“驼峰航线”的飞行员都会抱怨。

布雷登：这太疯狂了，他们把航空燃油运到成都的唯一办法就是经由“驼峰航线”空运。有时，如果遇到逆风，则需要耗费12加仑航空燃油才能将1加仑B-29轰炸机用的燃油运到成都。

赫尔利：这太离谱了。

布雷登：代价太大了。[7]

当时，即使是从成都的机场起飞，日本的大部分领土也仍在B-29轰炸机的航程之外，飞机无法飞到东京那么远的地方再飞回来，因此只能轰炸最近的日本领土西南角的一小块区域，那里只有一家工厂值得盟军注意。

布雷登回忆说：“如果从成都起飞，他们可以飞到（日本）九州，但实际上，九州只有一个目标，是一家钢铁厂……执行如此长距离的飞行任务使每个人都筋疲力尽。”[8]

举例说明一下李梅当时的处境。1944年6月13日，在一次典型的任务中，轰炸机部队 92 架 B–29 轰炸机从印度加尔各答起飞，其中有 12 架在飞越“驼峰”前折返，1 架坠毁。也就是说，有 79 架进入了中国，他们在那里补充了燃油，再次起飞，又有 1 架飞机起飞后就坠毁了，另有 4 架因机械故障而返航，还有 6 架飞机因不得不减轻自身重量而扔掉了炸弹，再有 1 架在飞往日本的途中被击落。此外，那天九州上空的天气很糟糕，最终只有 47 架成功到达了钢铁厂上空，其中又只有 15 架能够看到轰炸目标。任务完成时，战队已经损失了 7 架飞机和 55 名战士，最终有 1 颗炸弹击中了目标——仅仅 1 颗。

派 92 架 B–29 轰炸机飞越半个地球，结果却只有 1 枚炸弹命中目标。

日本人对美国第 20 轰炸机司令部大肆嘲讽。被美军称为“东京玫瑰”的东京广播电台的女播音员们对着盟军飞行员这样广播：“听我说，小伙子们，飞越‘驼峰’回印度吧。我不愿看到你们都死在这儿。我们有无数的战斗机和防空火炮，你们是飞不过去的。这无异于自杀，小伙子们，你们是在自杀！”[9]

这就是 1944 年秋太平洋战区空战的情况。谁的处境更艰难？是柯蒂斯 · 李梅，还是海伍德 · 汉塞尔？答案显而易见，从关岛出发轰炸日本很难，从印度出发代价又太大。

然而，更好的问题是，他们各自的荒谬困境对其思维方式有什么影响呢？先看李梅，他生来就是解决问题的，这也是他理解世界的方式。他不是一个富有人格魅力的人，也不是什么学问高深的知识分子，他是一个实干家。就像他后来说的：“我宁愿手下是真正愚蠢但肯干的人——他即使会做错也做了一些事情，而不是一个犹豫不决、什么都做不了的人。”[10]

这就是李梅所看重的。试想他当时的困境：他的轰炸机部队驻扎在印度，离战场几千英里远，被要求解决一个无法解决的问题。当你需要耗费 12 加仑的航空燃油飞越喜马拉雅山脉，只为把 1 加仑的航空燃油运送到山脉的另一边的时候，你根本无法开展任何有效的空战。

即使人类再睿智，意志再坚强，也无法克服喜马拉雅山脉这一障碍。

关于次年春天李梅在太平洋战区指挥空袭的动机，人们在对其事迹进行了很多分析思考后，得出了各种各样的结论。我想知道，第一个（也是最简单的）解释是不是：当问题解决者终于可以自由行动时，他不会让任何东西阻挡他的去路。

再看看海伍德·汉塞尔，他的处境不同：他是忠实的信徒。

3

海伍德·汉塞尔抵达马里亚纳群岛后做的第一件事就是去问：日本战时经济体系中最怕被破坏的“命脉”是什么？我的新 B-29 轰炸机应该去轰炸什么？这是每一个正统的“轰炸机黑手党”成员都会问的问题，答案很明显：日本的飞机制造厂。但日本的飞机制造厂又在哪里呢？

汉塞尔回忆说：“当时在塞班岛，我们有四五十架 B-29 轰炸机。我们对日本飞机工业实施打击的行动被规定了最后期限，是 10 月 30 日……我们没有轰炸目标手册，不知道日本的飞机工业分布在哪里。”

于是，一架经过改装的 B–29 轰炸机带着机组人员从美国起飞，飞抵日本进行空中侦察。他们拍摄了数百张照片，照片显示，日本的飞机工业，特别是中岛飞机公司[①]——如今因“斯巴鲁”而为人所知，主要集中在东京及其周边地区。盟军知道，日本大部分战斗机的发动机都产自中岛。汉塞尔说，从袭击这座工厂开始，我们会一步步削弱日本的战斗力。

差点儿因台风而宣告失败的“圣安东尼奥 1 号”[11]就是实施这类袭击的第一个关键任务。经过一周漫长的等待，汉塞尔的飞机终于起飞了。

B–29 轰炸机从马里亚纳群岛起飞，在海上几千英尺的高度飞行，接近日本时，他们升到高空以躲避危险，在富士山上空转弯，然后从西边飞向东京。在陆军航空队的战斗电影中，面对这座城市的航拍画面，罗纳德·里根做了这样的描述：

> 6 小时后，透过云层，他们看到了它——富士山，它是日本古老的象征。这时，出现了一些现代的标记：磷弹、高射炮，还有战斗机……皇居方圆 15 英里范围内，居住着 700 万日本人。过去我们认为，他们都短小精干、彬彬有礼，是一个只关心花卉

① 中岛飞机公司即中岛飞行机株式会社，是富士重工业株式会社的前身，二战结束后，逐渐转型为汽车制造商。——译者注

布置、盆景花园和养蚕的民族。但是，现在他们寻求的既不是桑蚕，也不是皇居。中岛的大飞机厂就在东京郊区。好了，哥们儿，你还在等啥？[12]

里根有点儿过于乐观了。

“圣安东尼奥1号”具有巨大的象征意义，它表明B-29轰炸机部队是可以飞到日本的。但是，作为一项军事行动，它成功了吗？战后，在对美国空军学院的学员讲话时，汉塞尔试图装出一副乐观的样子，他说：“这次行动没有我们预想的那么好，但作为最初的尝试，它确实表明我们可以飞到日本。当时，轰炸机能不能飞到日本是颇具争议的问题。”

“这次行动没有我们预想的那么好”，这句话，至少可以说，太过轻描淡写。因为，第一次袭击后，中岛飞机制造厂只有1%的面积遭到了破坏。3天后，汉塞尔又试了一次，没有一枚炸弹真正击中飞机制造厂。12月27日，他又派了72架B-29轰炸机前去轰炸，结果也全没炸到工厂，却炸得一家医院着了火。最终，汉塞尔指挥的5次行动几乎都没能炸到中岛飞机制造厂。

他们遭遇的部分困难与“轰炸机黑手党”在欧洲上空遇到的问题相同——云层，投弹手们用诺登投弹瞄准器寻找目标，但目标隐匿在云层的重重掩映之下。还有一个天气方面的问题——当时任何人都无法理解的更糟糕、更严重的问题。

后来，海伍德·汉塞尔手下的一名B-29轰炸机飞行员艾德·希亚特（Ed Hiatt）中尉在接受BBC为一部纪录片所做的采访时，描述了他们曾执行的一次任务：

飞行6小时后，我们的飞机跃升到轰炸的高度……爬到了37 000英尺的高度，然后，我们刚冲出风暴，富士山就出现在我们的正前方，真是一道壮丽的风景，真的太美了。

希亚特驾驶的轰炸机上的投弹手格伦开始使用诺登投弹瞄准器计算如何才能瞄准中岛飞机制造厂，但瞄准器上的望远镜无法对准目标。希亚特接着说：

他转过身说："我无法把这该死的望远镜对准目标。"……于是我们打电话给雷达操作员，请他检查我们的飞机相对于地面的速度……后来，他说我们遇到了风速为125节[①]的顺风，当时我们的飞行速度是每小时480英里。这是不可能发生的事情！不可能，风不可能那么大。

风不可能那么大。美国陆军航空队飞行员驾驶B–29轰炸机从未经历过这种情况，他们从没想过会有那么大的风。

"当时我们的速度是每小时480英里，而它应该是每小时340英里才对……我说：'格伦，把炸弹扔下去吧。'他投下了炸弹，因为顺风太强劲，我们早已超过目标12英里。"希亚特说。

① 1节≈1.852千米/小时。——译者注

对此，他们感到迷惑不解，回到基地后，也不知道该如何向上级解释。

他们盘问我们执行任务的情况，对我们严加盘问，因为不相信我们。“日本上空不可能有时速140英里的大风。”他们说，“不，这不可能，不可能有那么大的风。你们瞎说，你们没有飞越轰炸目标，这都是你们瞎编的。”幸好……我们的行动指挥官当时也在飞机上，他为我们做了证明，他说：“确实有那么大的风。”[13]

第21轰炸机司令部有自己的气象学专家小组，他们之前在芝加哥大学接受过培训。气象学家对轰炸行动的成功至关重要，特别是在先进雷达出现之前，因为必须知道目标上空是否有云，或者是否有能将整个轰炸机部队吞噬的台风。

但在那个时代，气象学家可用的工具还很简陋。我知道讲这些有点儿离题，但关于第二次世界大战最容易被遗忘的一点是，它发生在另一个技术时代，其间，20世纪和19世纪的技术参半。当时气象学家的主要工具是气球，这些气球可以携带一些小仪器飘到大气中，对风、温度和湿度的情况进行记录，然后通过无线电将这些信息传回地面。①

① 时至今日，气象学家仍在使用气象气球。每天两次，氢气球或氦气球会同时从全球约900个地点被释放。气球上都带有无线电探空仪，可以测量气压、温度和湿度，并将信息传回地面的跟踪设备。[14]

约翰·M. 刘易斯是内华达州沙漠研究所下属的国家强风暴实验室的研究员，他认识许多战争期间在陆军航空队工作的气象学家。我问他，这些气象气球是不是用绳子拴着系在地面上。他回答说："哦，不，都让它升空了，释放的气球在空气中上升，随着外部气压降低，它们会膨胀，膨胀，膨胀，最终，砰的一声爆炸！它们爆炸后，会和所携带的仪器一起掉到地面上。那时，他们在每个仪器表面都写上了这样一句话：'能否请您把这些东西寄还给芝加哥大学？以下是地址。'"

在太平洋战区，这显然行不通。

气象学家们承担着整个部队中一项最重要的工作——弄清楚什么时候可以派遣轰炸机。但是，在太平洋中央，他们被难住了。飞行员们报告的日本上空速度惊人的风究竟是怎么回事？

我问刘易斯，他们是否有理由去怀疑富士山周围的风真会如此强劲。他回答说："直到飞行员们回来，他们才得出了结论。"

1944 年，机组人员每次在日本上空执行完轰炸任务回到基地后都会讲述同样的经历。艾德·希亚特后来回忆说：

跟你说这些风有多强、多大：有一次，执行完轰炸任务后，为了拍些照片看看轰炸效果如何，一架侦察机飞了过去。后来，领航员打电话给飞行员，告诉他，他们的飞机正在空中以每小时 3 英里的速度向后飞行。这可不得了，因为如果这是轰炸机从东往西飞，它就会成为日本战斗机或高射炮的活靶子。

飞行员们遇到了后来被称为喷射气流的东西，它出现在距离地面 20 000 英尺以上的高空，是一股环绕地球快速移动的空气流。20 世纪 20 年代，日本气象学家荒川秀俊做过一系列开创性的实验，发现了喷射气流的存在。但那时正刮起一阵使用一种人造语言——世界语的风潮，荒川秀俊碰巧钟情于这种语言，就只用世界语发表了他的研究成果，这无疑意味着他的文章几乎石沉大海，因此，他的发现也就鲜有人知。此外，几乎没有人在 B-29 轰炸机飞行的高度飞过，所以也没有关于喷射气流的第一手报告。它成了一个不解之谜。①

约翰·刘易斯这样向我讲解喷射气流："这种快速移动的气流呈现非常狭窄的带状，在快速流动的同时，它还在南北两个半球由南向北或由北向南缓慢横向移动，大体上把极地地区的极寒空气与中纬度和赤道地区的温热空气分隔开来。"

我问刘易斯喷射气流有多宽，他回答说："据我所知，一般是 200 千米，差不多就那么宽，当然不会宽达 1 000 千米，达到 500 千米的情况也是寥寥无几，有时是 100 千米。"

那时，喷射气流刚被发现不久，还没有人意识到它环绕着

---

① 在荒川秀俊之后，还有几个人也曾发现喷射气流的存在。例如，20 世纪 30 年代，瑞典气象学家卡尔·古斯塔夫·罗斯贝发现并描述了喷射气流和大气波的特点，后者后来被命名为"罗斯贝波"。1935 年，以大胆的飞行实验而闻名的美国飞行员威利·波斯特成为第一个直接体验喷射气流的人，波斯特在一次横贯大陆的高空飞行尝试中发现了喷射气流的强劲。有位德国气象学家将强风称为 strahlströmung，按字面意思可直译为"喷射气流"，直到这时，"喷射气流"这个词才得以问世。[15]

整个地球。刘易斯解释说："直到20世纪50年代初，我们开始对美国和欧洲一些国家的天空进行例行高空观测时才发现了这一现象。"

喷射气流环绕着整个地球，这是一股非常快的窄带风。它在夏季向南北两极撤退，在冬季向赤道移动。

1944年冬到1945年早春的这段时间，喷射气流这股飓风级的窄带风正处于日本上空，这使得汉塞尔手下的飞行员们无法按原计划实施精确轰炸。如果横着飞入，飞机就会被吹向一边；要是迎头飞入，为了不被吹落，飞机就只能在空中挣扎着停滞不前，很容易被日本人击中；若是顺向飞入，飞机则会飞得太快，无法准确瞄准。

20世纪30年代在麦克斯韦机场诞生并由天才卡尔·诺登实现的梦想，在日本上空遭遇了一股无法阻挡的反对力量。

这与"轰炸机黑手党"在施韦因富特和雷根斯堡所面临的障碍不同。在那里，汉塞尔可以说服自己，问题是可以解决的。第一次轰炸袭击不成功，就当是一次学习，下次可以做得更好、更准确：每一位革新者都明白，彻底变革的道路永远不会是平坦的康庄大道。软件往往会先有一个测试版，然后是1.0版、2.0版，因为程序员们知道不可能第一次就做出绝对完善的软件。

然而，就日本上空的喷射气流而言，可没有什么2.0版本的应对方案，也没有任何能让汉塞尔的信仰更加坚定的修正版。轰炸机在喷射气流中进行高空精确轰炸毫无可能。

如果革新者被迫面对出乎意料的障碍——不是缺乏经验、操之过急或误判之类的理性障碍，而是某种无法改变的东西，他们就会迷失自己的梦想。海伍德·汉塞尔的梦想破灭了，此时的他沮丧且脆弱，好似旷野中的耶稣，正面对一个诱惑。就如《圣经》所说：

耶稣全身充满了圣灵，被圣灵领到旷野去，待了40天，受魔鬼的试探。[16]

而魔鬼又做了什么呢？魔鬼带领耶稣上了一座最高的山，传说这座山峰位于耶路撒冷和耶利哥之间的道路上，并许诺可以授权耶稣掌管他所能看到的一切。

魔鬼又带他上了山，将世上的万国都指给他看，说："这一切的荣华，我都要给你，因为这荣华都已交给了我，我想给谁就给谁。你若俯伏拜我，我就把这一切都赐给你。"[17]

你可以拥有一切：战胜你的敌人，统治你从20 000英尺的高空所能看到的一切。而你需要做的，仅仅是放弃你的信仰。

第 7 章

凝固汽油弹

1

海伍德·汉塞尔面对的诱惑是什么？为了说明这个问题，在本章中，我们需要先避开飞机、轰炸行动和日本上空的大风等话题，先来看一场会议，战争初期在美国马萨诸塞州剑桥市召开的一次秘密会议。

与会人员主要有五位：麻省理工学院校长、标准石油开发公司总裁、诺贝尔奖得主和两名教授——哈佛大学的路易斯·菲泽（Louis Fieser）教授和麻省理工学院的霍伊特·霍特尔（Hoyt Hottel）教授。其中，霍伊特·霍特尔是其学科领域的翘楚，后来成为该团队的领导者和精神领袖。

这次会议是在后来成为美国国防研究委员会的一个政府组织的要求下召开的，该委员会的工作是为美国军方开发新式武器。当然，它最著名的行动是在洛斯阿拉莫斯花费数十亿美元开发原子弹的曼哈顿计划。然而，第二次世界大战的规模如此之大，以至于国防研究委员会同时还进行着其他许多项目。在它的指使下，不少美国人都躲在黑暗的角落密谋着什么计划，执行一些不为人知的任务，追捧一些他人竭力反对的思想。二战期间，用句老掉牙的话说，美国政府的“右手”并不总是知道“左手”在做什么。其中一个神秘的“左撇子群体”就是霍伊特·霍特尔领导的小组委员会。

委员会成员与洛斯阿拉莫斯研究基地的天才们不同，他们不是物理学家，他们的工作不是去找到更好的方法把目标炸烂；他们是化学家，是研究氧气、燃料和热量结合后会有何特殊效果的专家，他们的工作是找到更好的方法把目标烧光。

正如霍伊特·霍特尔战后所回忆的那样：“到了 1939 年，很多人认为我们迟早会卷入战争，可是，我们还完全没有准备好……我们需要多了解燃烧弹。”[1]

霍特尔团队的这些化学家、工业界官员和诺贝尔奖获得者们开始频繁开会，他们制订计划，修改计划，敲定方案。1941 年 5 月 28 日，在芝加哥的一次会议上，他们首次取得了重大突破，霍特尔向其委员会讲述了刚刚在特拉华州杜邦化工厂发生的一件奇怪的事情。那里有个小组一直在研究一种叫作二乙烯基乙炔的物质，它是一种碳氢化合物——石油生产过程中的副产品。把二乙烯基乙炔和涂料混合，涂料会逐渐干燥并形成一层黏稠、发硬的胶膜，它被点燃后会一直燃烧。这对杜邦涂料公司来说是个需要解决的问题，然而对国防研究委员会的那些“火迷”来说，这可是令人兴奋不已的有趣现象。

围桌而坐的人中，有个人举手表示："我来调查这个问题吧。"这个人就是哈佛大学的化学教授路易斯·菲泽。[2]

菲泽 1899 年出生于俄亥俄州，大学期间在威廉姆斯学院学习化学专业，在哈佛大学获得博士学位后，又在牛津大学和法兰克福大学进行了博士后研究。战前，他是第一个合成维生素 K 的人。他的研究助手是他的妻子，同样聪明的玛丽·菲泽。在那个年代，女性还不能被聘为化学教授，然而她却和丈夫一起写出了 20 世纪最权威的化学教科书之一。菲泽体态略胖，头顶几乎全秃，留着小胡子，嘴里总是叼着一支烟。

路易斯·菲泽还是一个头脑里满是奇思怪想的人。1964 年，他的科学回忆录出版，回忆录从他战时的工作经历写起，很快又转向详细地描述其他一些东西，比如被他（受到了点儿品牌意识的启发）称为"哈佛蜡烛"（Harvard Candle）的袖珍燃烧弹。回忆录中还有一章是关于在蝙蝠身上安装燃烧装置的，另有一篇长篇文章论述了如何点燃 1 000 加仑的浮油。此外，还有防松鼠喂鸟器的详细设计方案。最让人难以理解的是，还有一章写了他养的很多猫中的一只名叫"辛凯维尼"的暹罗猫。

菲泽的同事威廉·多林（William von Eggers Doering）曾在耶鲁大学和哈佛大学教授化学课多年。在科学史研究所的档案中，有一段对多林的详细采访，采访持续了几个小时——出奇的引人入胜。看了采访，你就会知道，那时，科学家们曾被允许进行一些近乎疯狂的实验。多林回忆起二战初期自己在菲泽实验室工作的光景，说道：

天哪，我们要找的化合物是什么呢？哦，是的，三硝基苯甲醇硝酸酯（trinitrobenzyl nitrate）……请听我说，你把它放进——还记得那种沉重的卡洛斯管吗？就是你在高温下用硝酸分解某种东西用的那种直径约1英寸的加热管——8毫米厚、几英尺长的管子。然后，放入二三十克TNT（三硝基甲苯），再多加一点儿溴，不加溶剂。把这该死的管子密封起来，放进炸弹里——铁壳的炸弹。在放入之前，管子外面得缠上电热丝，以提高温度……所以实际上，把加热管放进那么小的空间，如果它爆炸了，玻璃就会炸到左边这面墙上的这一小部分区域，以及右边那面墙上的那一小部分区域。是的，当然，那时这些管子能爆炸的概率也就只有50%！[3]

要知道，多林是他那个时代最伟大的化学家之一。他的第一篇科学论文发表于1939年，最后一篇发表于2008年——从事科学研究约70年，成果颇丰。在我见过的他的每张照片里，他总是戴着一个波点图案的领结。但在这次采访中，他就像一个有一套化学实验器材的13岁孩子：

实验室里到处都是溴的臭味，人们想知道，TNT什么时候会引爆呢……哦，天哪，那真是值得追忆的美好时光！德国人有一个用来形容某些人的词：致命的认真者（tierisch ernst），意思是这些人认真得就像某种动物。我必须说，在那些日子里，我们很少会有这般认真！

路易斯·菲泽来实验室时，总是烟不离手，他的那些研究生就会开他的玩笑。

路易斯会进来和他们谈话，还总会把未熄灭的香烟扔进水槽。所以我们的游戏就是猜他什么时候会进来，然后提前把乙醚倒进水槽里，盼着它着起火来。

盼着它着起火来！

对菲泽地下实验室里的人来说，火不仅具有研究价值，也是令他们痴迷、迷恋之物。所以，当霍伊特·霍特尔向小组委员会通报，杜邦公司的涂料混合物中有种东西会自燃时，谁立刻举起了手呢？当然是菲泽，他说："我来调查这个问题吧。"菲泽立即求助于他的地下实验室研究团队中的另一名成员开展调查。菲泽在回忆录中写道："我主动要求调查这个问题，主要是因为在和平时期搞研究的小组中，我能找到一个对危险化学物质进行实验和评估的理想人选——E. B. 赫什伯格博士（Dr. E. B. Hershberg）。"

我采访了 E. B. 赫什伯格的儿子罗伯特·赫什伯格，我问他父亲是如何与菲泽相识的。罗伯特回答说："首先，他来自波士顿地区。其次，我想，非常直接的原因是，那时犹太人的就业机会有限，而菲泽根本不在乎宗教信仰。因此，他最终去了菲泽的实验室。"

用路易斯·菲泽的话说，赫什伯格是"有机化学领域一位大师级的实验家……他还精通工程学、机械制图、木工……摄影……此外，赫什伯格……在军用炸药、引信、毒气、烟幕罐和手榴弹方面也具有丰富的经验”，并发明了一系列装置，包括“赫什伯格搅拌器、赫什伯格搅拌电机和赫什伯格熔点仪”。

正如罗伯特所回忆的那样：

> 我们的地下实验室里有拆除了引信的炸弹和其他类似的东西，我还有发生爆炸时的照片。有些引爆装置就放在书桌的抽屉里……它们看起来有些像笔记本，内有引爆装置，如果我们被俘虏了，我们就可以把笔从中抽出来，然后在半小时内写下所有想要记下来的东西并迅速离开，然后它就会爆炸，烧毁整栋大楼。

这是赫什伯格的原话。

于是，路易斯·菲泽去了位于特拉华州的杜邦涂料公司调查引燃油漆的化合物——二乙烯基乙炔。回到哈佛大学后，他就和赫什伯格一起制造了很多这种着火的物质，取一些放进平底锅，然后放在菲泽地下实验室的窗台上。他们注意到，这种物质逐渐从液体变成了黏稠的凝胶。他们用棍子戳凝胶，后来放火把它点着，他们注意到：“当黏稠的凝胶燃烧时，它不会变成液体，而是一直保持同样的黏稠度。这一发现让我们萌生了制造一种炸弹的想法，这种炸弹可以将大量燃烧的黏稠凝胶炸开，并使其散落开来。”（因为这是至关重要的发现，所以我特意引用了菲泽书中的句子。）

扔下炸弹，凝胶被炸得七零八落，一团一团的凝胶朝各个方向飞去，粘在它们落在的任何表面上，然后不停地燃烧、燃烧、燃烧。

赫什伯格和菲泽现在必须找到一种方法来测试这种新概念的燃烧凝胶。他们在实验室里建造了一个两英尺高的木质结构，用不同配方的凝胶去烧它，然后比较燃烧效果。他们发现用二乙烯基乙炔制成的凝胶燃烧效果很好，但由橡胶和苯制成的凝胶效果更好，此外，用汽油制成的凝胶比苯制的还要好。他们还分别尝试了用胶乳、硫化橡胶、白皱橡胶以及琥珀色的烟片胶制来做凝胶。有一次，他们做了一个原型，把它装在一个手提箱里，带上了去马里兰的火车，在交给搬运工搬运时，搬运工说："感觉它都要赶上炸弹重了。"

后来，他们又尝试了环烷酸铝——新泽西州伊丽莎白市一家化学公司生产的一种黏稠的黑色焦油。然而这种焦油和汽油不能很好地混合，但他们通过掺入一种叫作棕榈酸铝的东西解决了这个问题，得到了一种由汽油、环烷酸铝和棕榈酸铝混合制成的产物。

凝固汽油弹。

罗伯特·尼尔是《凝固汽油弹：美国传记》的作者，他曾告诉我为什么凝固汽油弹如此厉害：

如果你想要一种高效燃烧的物质，那么黏性物质会比不黏的高效得多，因为黏性燃烧物在燃烧时会将辐射产生的热量传导到其附着的物体上。这就是凝固汽油弹如此有效的原因。

如果凝胶状材料太稀或太软，那么它实际上不会向附着的物体传递大量的辐射热能。你可以想象，一个装满汽油的莫洛托夫鸡尾酒[①]会在爆炸后汽油飞溅，可以把人或东西烧毁殆尽，但火会较快地熄灭；相反，如果把凝固汽油弹扔到什么东西上，它就会黏附在上面，持续不停地燃烧。

凝胶质地过于疏松，就成了被他们轻蔑地称为“苹果酱”的东西。换句话说，它的液滴不够黏稠，也不够结实，无法牢牢地黏附在其他物体上。黏稠度刚刚好的东西要能形成一个足够大的块状物，它必须是既不太稠也不太稀——恰到好处的状态。这是他们在发明凝固汽油弹时最终想到的内容。

哈佛大学的足球场位于与主校区隔河相望的商学院的后面。我和尼尔参观了那里。1942 年，赫什伯格和菲泽就是在这里测试了凝固汽油弹。当时，赫什伯格已经找到如何将这种新型凝胶变成炸弹的方法：将一根表面裹有一层白磷的 TNT 炸药棒插入一罐凝固汽油中，磷受热燃烧，就会引爆 TNT 炸药棒，TNT 炸药棒爆炸时又将燃烧的磷送入凝固汽油弹凝胶中，将其点燃，并四散炸开燃烧着的小凝胶团。至于炸弹外壳，他们使用了原本设

① 莫洛托夫鸡尾酒是土制燃烧弹的别称。在苏芬战争中，芬兰人爱用燃烧瓶对付苏联坦克，并且在战场上大显神威。出于对莫洛托夫的仇恨，芬兰士兵便想对莫洛托夫还以颜色，随口就把这种燃烧瓶称为“敬莫洛托夫的鸡尾酒”。因外国记者对芬兰文吃得不透，在翻译成英文的过程中走了样，燃烧瓶就以讹传讹地变成了“莫洛托夫鸡尾酒”。——译者注

计用来存放芥子气的壳体。罗伯特·尼尔这样描述当时的场景：

测试凝固汽油弹的那天是 1942 年的独立日[①]。早在那年 2 月 14 日情人节那天，他们最终确定了凝胶燃烧弹的配方。然后，他们研究出了白磷爆破器点火系统，并从军方那里获得了弹壳，制造了他们的燃烧弹原型。

他们在地面挖了一个不深但面积很大的坑，我估计那坑的直径大约有 100 英尺，那是一个相当大的坑，因为他们不想让任何人因此受伤。他们把这个很大的凝固汽油弹装在一个罐子里，准备在坑的中间位置引爆。他们把炸弹放在这个坑的中间，让剑桥消防部门的卡车往坑里注满水。

凝固汽油弹就这样诞生了，并在哈佛大学足球场中央 8 英寸深的水坑中接受了洗礼。罗伯特·尼尔做研究时，在那天的照片上发现了一个小细节。

在爆炸前拍摄的照片中，有些人穿着白色的衣服在网球场上打球。在炸弹爆炸后拍的照片上，能看到网球场已空无一人……也许他们曾事先告诉大家，他们要测试凝固汽油弹，也许他们让打网球的人只管接着打，然后他们测试，之后所有人都跑

① 独立日是每年 7 月 4 日，以纪念 1776 年 7 月 4 日北美独立军主导的大陆会议在费城正式通过并发表《独立宣言》，宣布美利坚合众国正式成立。——译者注

掉了。我不知道到底是哪种情况，测试过程中没有人受伤。爆炸完成后，他们对已被熄灭的凝胶小球的分布和大小做了非常详细的统计，因为这是他们确定凝胶最优黏稠度的部分依据。

回去后，菲泽和赫什伯格向国防研究委员会汇报了他们的发明，霍特尔意识到，他终于找到了他们一直在寻找的东西：凝固汽油弹。[4]它始创于哈佛大学，又在蜿蜒流淌的查尔斯河畔的田野里得到了完善。

2

凝固汽油弹有什么用处呢？从来没有人问过这个问题。显然，它是用来打败日本的。

日本偷袭珍珠港几个月之后，两位美国分析人士在《哈泼斯杂志》上发表了一篇文章。作者认为，如果要报复日本，有一个非常简单的方法：将其付之一炬。他们以大阪为案例做了研究后指出，大阪的街道非常狭窄，街道狭窄意味着火很容易从一边烧到另一边。此外，在大阪这座城市中，可以充当防火隔离带的公园也不多。

另外，与西方城市不同的是，日本城市的主要建筑材料不是砖头和砂浆。房梁、搁栅和地板均由木材制成，天花板用浸过鱼油的厚纸制成，墙壁用木头或薄灰泥做成，室内还有榻榻米草席：日本的房屋简直就像一点就着的火柴盒。

两位分析人士写道："经过大量的计算，我们已经可以确定，在大阪市中心 25 平方英里①的区域内，可燃面积占 80%，而伦敦的仅为 15%。"[5]

80%——这几乎是整座城市。

撰写这篇文章的人既不是军方官员，也不是白宫的决策者。可把敌人城市的 80% 烧毁——烧成灰烬，他们这想法实在是有些像异端邪说。威廉·谢尔曼将军曾在南北战争后期率领联邦军一路南下，最终给了南军毁灭性的打击。他因火烧亚特兰大而为众人所知，但他烧的不是整个亚特兰大，他烧的是工业区和商业区，并未伤及居民区的百姓。②然而，在日本偷袭珍珠港后，火烧日本的想法开始显得不那么异端了。日本的很多工业生产不都是在居民的家中进行的吗？很多支持战争的活动，难道不是既有在客厅又有在工厂进行的吗？原本异端的想法开始了其逐步合理化的进程。

美国战争学院的历史学家塔米·比德尔解释说：

关于日本，我们仍然要对自己说，嗯，城市居民区内也有很多工厂。英国在进行区域轰炸时也对自己这样说过。

如果你是一个有道德之心的人，要想晚上睡得安稳，想让自

---

① 1 平方英里≈2.59 平方千米。——编者注

② 作者此处观点存在争议，也有史料指出谢尔曼火烧亚特兰大使平民死伤无数，整个亚特兰大在这次浩劫后荡然无存，全部化为废墟，只剩一条地下街。——译者注

己的行为和坚持的原则相符，你就必须找到合适的思想和语言来告诉自己，你的行为没有问题……

当时的决定是，好吧，甩开膀子大干一场吧，我们不得不竭尽全力去把这个国家打垮。

霍伊特·霍特尔听到了人们的非议和辩驳。他读过刊登在《哈泼斯杂志》上的那篇文章吗？答案是肯定的。国防研究委员会让他检验将燃烧弹用作战争武器的实际作战效果，于是，作为一名优秀的科学家，他决定对凝固汽油弹这种新型武器进行测试。霍特尔组织安排了二战中最烦琐复杂的实验之一：杜格威试验场的燃烧弹演示试验。杜格威试验场是归美国陆军所有的一处设施，它占地 80 万英亩，地处犹他州的沙漠中心。[6]

霍特尔回忆说："那些将军不相信科学家们的研究，他们只相信自己能看到的东西。我们不得不分别建造一个日本村庄和一个德国村庄。为了建造这些，我们付出了惊人的努力。"在犹他州的沙漠里，他们完美地复制了两个敌人居住的村庄。

霍特尔请了顶级建筑师来建造这些房子。为了仿建德国村庄，他拜访了德国著名建筑师埃里希·门德尔松。门德尔松是犹太人，在 20 世纪二三十年代设计过一些非常漂亮的装饰派艺术和现代艺术风格的建筑。为了仿建日本村庄，霍特尔征召了当时已在日本居住多年、至今仍可能是在西方出生的日本最有名的建筑师安托宁·雷蒙德。

霍特尔回忆起当时人们模仿建造这些村庄时多么用心："我

们认为榻榻米很重要，榻榻米是日本住宅的特色，它有两英寸厚，是阻挡炸弹穿过层层楼板的主要障碍，所以我们必须安装榻榻米。”

他们建造了24套日本住宅：12栋小楼，每栋有两个单元。还仿造了拉门（日本式拉动开关的门扇）及“原汁原味”的日式百叶窗。

安托宁·雷蒙德制定了严格的建造标准。霍特尔回忆说：“雷蒙德想要制造这些东西的木工活都在新泽西州当着他的面完成。我们要在犹他州建房子，木材却要从太平洋运来，家具要在新泽西制作——这样的要求真是荒唐。”

霍特尔的项目经理斯利姆·迈尔斯（Slim Myers）也是一个完美主义者。霍特尔回忆说：“斯利姆说：‘该死的，我们一定不能出任何差错。这些将军不会因为我们没能造出真正典型的建筑而让我们终止工作，但我们必须绝对正确才行。’”

1943年夏，霍特尔的村庄模型已准备好投入测试。军方派出一支轰炸机部队抵达杜格威试验场上空，它们轮番扔下了燃烧弹。每轮轰炸过后，地面上的工作人员都会把炸毁的部分重新建好。霍特尔首先测试了英国皇家空军司令亚瑟·哈里斯对德国进行夜间突袭时喜欢用的英国铝热剂燃烧弹，然后试验了赫什伯格和菲泽那装在名为M-69集束燃烧弹内的凝固汽油弹。霍伊特·霍特尔和其团队成员在一旁记录两种轰炸效果的得分情况，以进行比较。

霍特尔回忆说：“我们一开始就决定，我们不能等消防车到了再去查看，我们必须先冲出去观察着火情况。事实上，我们不得不在所有炸弹都投下之前就冲出去。”

根据其破坏程度，霍特尔把他看到的火灾划分为三类：（1）6分钟内无法控制的；（2）任其发展时具有破坏性的；（3）不具破坏性的。凝固汽油弹引发了无法控制的火灾，在对日本房屋模型进行轰炸时，它能引发第一类火灾的概率为68%，毫无悬念地位列第一。相比之下，英国铝热剂燃烧弹的效果相差甚远。美国用凝固汽油弹制造了一种超级武器[7]，陆军对这种新型炸弹的面世感到非常骄傲，并为其制作了一部振奋人心的宣传片。

燃烧弹的主要组成部分是一只装有凝固汽油的粗棉布袜子，凝固汽油经过特殊处理呈凝胶状，被点燃时，填充的凝胶就会变成一个黏糊糊的、熊熊燃烧的团块，大火蔓延之处直径可达一米以上……燃烧时温度高达540摄氏度左右，能持续燃烧8～10分钟……每38个燃烧弹被集束成一组用于空投……M-69集束燃烧弹被打开并释放，尾部带有纱布飘带①的单个燃烧弹会一个个朝目标飞去。[8]

3

设想你是“轰炸机黑手党”的一员，碰巧在杜格威试验场观

① 纱布飘带指燃烧弹尾部带有的减速布条，燃烧弹下落时可起到稳定方向、保持下落姿态稳定的作用。——译者注

看了凝固汽油弹的实战测试，看到日本村庄被小心翼翼地重新建好，听到 B–29 轰炸机呼啸而来，扔下全部燃烧弹。眼见房屋瞬间被烈焰吞噬，你会有何感想？

我猜你会困惑不已。为了发挥诺登投弹瞄准器的潜能，“轰炸机黑手党”殚精竭虑，因为它利用技术重新定义了战争，使之变得更人道，使参战的将军们更加克制自己杀人的冲动。如果人们不用科学技术和聪明才智来优化战争形式，遏制战争所导致的家破人亡，技术的意义何在呢？人类不必再遭受战争和灾难，这才是技术创新的目的。

蓦地，身处犹他州沙漠深处，头顶烈日，你在观看一场军事演习，演习的授权和资助方正是为你购买诺登投弹瞄准器的美国军方。只是这些人正在用科学和智慧制造燃烧弹，把这东西从天上扔下来，点燃无情的大火，滥杀无辜。你一直煞费苦心地避免炸到关键工业目标之外的任何人或物，而陆军现在却在用你的精确轰炸设备将平民的房屋夷为平地。还有，政府（远在华盛顿的军队操控者们）正在执行与你的原则截然相反的战略。更不必说在新墨西哥沙漠进行绝密工作的那些顶尖的天才了，国家提供给他们几十亿美元资金制造的武器带给世界的将是毁灭和灾难，它将永远改变世界的政治格局。如果说燃烧弹的使用违背了精确轰炸原则，那么原子弹呢？苍天啊，它背叛的是技术的初衷吧。

但是，最初的愤怒平息后，不经意间，有个念头在你脑海中闪现：这何尝不是一种诱惑呢？

因为凝固汽油弹可以解决海伍德·汉塞尔和他的精确轰炸战

斗机迄今为止在战争中遇到的所有问题。精确轰炸未能奏效，作为一名空中作战指挥官，汉塞尔处境艰难，但仍在奋力挣扎。因为东京高空的大风和云层，他的飞机无法命中他们想要炸毁的目标，所以也许可以这样想，不用费劲去瞄准任何东西，把它们统统烧掉好了。这地方的房屋都是些一点就着的火柴盒，海伍德·汉塞尔需要做的只是改用凝固汽油弹。他可以对日本人进行士气轰炸，只不过用的武器远比英国人对德国使用的炸弹致命得多，它使日本房屋发生第一类火灾的成功率为68%，火势之大，在6分钟内根本无法控制。

《圣经》中，耶稣被撒旦引诱试探，在旷野中度过了40个昼夜。海伍德·汉塞尔对日本发动第一次空袭的时间是1944年11月24日，他担任第20轰炸机司令部总指挥的最后一天是1945年1月19日，其间，打败日本敌人的机会引诱他放弃自己的信仰——自己一直努力争取的精确轰炸，他在马里亚纳群岛的荒野中度过了55天。

在这55天里，汉塞尔的压力越来越大。陆军派船将数千只燃烧弹运到马里亚纳群岛，敦促汉塞尔尝试——只是尝试——对日本发动一次全面火攻。

几乎每次执行重大任务，汉塞尔都会损失一架B-29轰炸机。想让飞机顺利返回马里亚纳群岛太难了，容不得半点儿差错，有时，受损的飞机会在回程途中径直坠入太平洋，之后便踪迹全无。军队的士气越发低落，一年前还对精确轰炸的前景盲目乐观的汉塞尔将军，现在也变得阴郁、愤怒起来。在后来的一次袭击中，他们还是没能炸到主要目标，任务再次失败。汉塞尔手下的得力干将埃米特·“罗西”·奥唐奈（Emmett “Rosie” O’Donnell）给飞行员们开任务执行情况简报会时，试图给他们加油鼓劲儿：“帅哥们，这太难了。这项任务非常艰巨，我为你们感到骄傲，我们做得很好。”[9]这时，汉塞尔站了起来，当着一屋人的面猛烈批评奥唐奈。

“我不同意罗西的观点。我觉得他这样说有些不称职。我们的任务，如果继续像这样执行下去……行动最终会彻底失败。”[10]当着众人的面，汉塞尔让这位军官感到难堪，这是任何一位想维持手下军官对自己的尊重的指挥官都不该做的事。

历史学家史蒂芬·麦克法兰这样向我描述汉塞尔：

在某种程度上，他是个悲剧人物。他的特长是思考，他帮助制定了既有战略，帮助设计了轰炸德国和日本的战斗方案。他几乎是个哲学家，但他更像是一个思想家，更像是——我不太好意思说——那种书呆子。

他不是一名优秀的战斗指挥官，不擅长带兵打仗。他谈论的全是些崇高的理想……他从不骂人，而那些从不骂人的指挥官一般不太受飞行员们的欢迎，飞行员们更喜欢自己的指挥官是那种脚踏实地、理解现实的人。

最终，汉塞尔越来越孤独。比德尔说：

我认为，如果指挥官按照心中所想的方案发布命令，首先，他会相信自己的方案，他必须相信它，因为如果他不相信自己所做的一定能成功，他就不能派那么多的人去战斗。

他按照既定的方案派人去战斗，要一直坚决执行它，他必须做什么来让它成功，对那些牺牲的生命、抛洒的热血和损失的财富……有所交代。

我认为，指挥官在战场上对自己的想法过于执着的话，他大概会像汉塞尔在 1944 年 10—12 月那段时间里表现的那样——痴迷己见，我觉得这时他脑子里想的只有一件事，他铁了心地要成功。

12 月下旬的某个时间，陆军航空队的二号指挥官劳里斯·诺斯塔德曾直接命令汉塞尔：尽快使用凝固汽油弹对日本城市名古屋发动一次袭击。用诺斯塔德的话说，这是“为了制订未来作战计划的紧急要求”[11]。汉塞尔进行了一次轰炸试验，只烧毁了区区 3 英亩的城市。然后，他扮了个鬼脸，耸了耸肩，拖延了一段时间之后，答应在某个时候，也许等自己完成其他一些工作后，再发动一次更大规模的袭击。

他不会屈服于诱惑。

因为汉塞尔不肯使用凝固汽油弹，诺斯塔德从华盛顿飞了过来。后来发生的事情可以想象：汉塞尔在机场布置仪仗队，欢迎美国国内高官来访；两人在汉塞尔的半圆形铁皮小屋喝威士忌，抽雪茄，闲聊了一会儿。然后，诺斯塔德转向汉塞尔，完全出乎意料地说：“你被淘汰了，柯蒂斯·李梅会来接替你。”

“我觉得天塌地陷——我完全崩溃了。”多年后，汉塞尔这样描述他当时的感受。诺斯塔德给了他 10 天时间来完成交接，汉塞尔神情恍惚，茫然离去。①

在关岛的最后一个晚上，汉塞尔比平时多喝了一点儿，在一位年轻上校的吉他伴奏声中，他为手下动情演唱：“老飞行员永远不会死去，永远不会死去，他们只会飞……离……”

柯蒂斯·李梅亲自驾驶一架 B-29 轰炸机飞到岛上进行交接。两人合影留念时，李梅问了句：“你想让我站在哪里？”之后照相机咔嚓一响。

那之后，汉塞尔回到家，在亚利桑那州开办了一所培训学校，结束了自己的战斗生涯。

“我读过很多对他的采访。”史蒂芬·麦克法兰告诉我，“我还读了他写的几封信。他确实是一个有思想、有爱心的人，他是一个忠实的信徒，不是那种会大开杀戒的人，他就是没有这样的想法，灵魂中就没有。”

---

① 1 月 19 日，汉塞尔最后一次执行轰炸袭击任务，取得了巨大的成功，62 架 B-29 轰炸机将川崎工厂轰炸殆尽。历史学家威廉·拉尔夫（William Ralph）指出：“整个建筑群中的每座重要建筑都遭到了袭击，工厂产量下降了 90%。一架 B-29 轰炸机也没有损失。第二天，汉塞尔飞回了美国。”[12] 真是令人难以置信的讽刺。

第 8 章

空袭东京

1

军事历史学家康拉德·克兰是研究柯蒂斯·李梅的专家。我问他，1945 年 1 月李梅从海伍德·汉塞尔手中接过指挥权，成为第 21 轰炸机司令部总指挥时，他的心态如何。

克兰说："当他刚到达马里亚纳群岛接管第 21 轰炸机司令部的时候，他还没有制定出最终的战略。他仍在不断思索。"如果说汉塞尔是一个坚定不移、固守原则的人，那李梅则恰恰相反。

事有轻重缓急。李梅最不满意的是岛上的基础军事设施，这些设施当初是由"海蜂"部队——美国海军土木工程部队建筑营建造的，李梅认为海军在多年前的轰炸演习中作了弊，他对海军的鄙视丝毫未减。

克兰说：

他环顾四周，发现设施实在是过于原始，说“这不行”……他被邀请和海军上将尼米兹共进晚餐，尼米兹的总部当时也设在马里亚纳群岛，李梅去了尼米兹的住处，发现自己仿佛置身于一座华丽的……宫殿，吃的是非常正式的海军风格的晚餐，桌布、侍应生等应有尽有。于是，过了几天，李梅也邀请尼米兹上将到他的住处一起吃晚餐，海军上将尼米兹应邀来到李梅的半圆形铁皮小屋中，两人坐在几个板条箱上吃C–口粮①。吃到最后，尼米兹看着李梅说：“我明白你的意思了。”后来，他开始给李梅送更多的建筑材料，帮助其完善其余设施。

李梅首先尝试用他自己的方式来执行前任的策略。他决定炸掉东京的中岛飞机制造厂，他需要让自己相信汉塞尔的失败并不是汉塞尔个人的原因。

李梅首次发动对中岛飞机制造厂的袭击是在 1 月，之后，又在 2 月和 3 月初各发动了一次，数百架 B–29 轰炸机长途跋涉前往日本实施轰炸，最后工厂却依然屹立未倒。[1]

李梅遇到了和汉塞尔一样的困难。如果什么都炸不到，怎么能通过空袭迫使日本投降呢？克兰如此解释道：“他再也无法对既有策略进行改进，他说：‘好吧，我得试试不同的方法。’”

---

① C–口粮是一种罐装预制的湿式口粮。——译者注

他先考虑了风的问题。喷射气流力不可当，也不可能凭空消失。李梅意识到，它的存在使其他一切都成了空谈。精确轰炸理论首先要求轰炸机从高空飞入，飞行高度大于敌人火力和高射炮的射程，李梅置此要求于不顾，他决定让 B–29 轰炸机从喷射气流下方飞入。

然后是云层问题。诺登投弹瞄准器只有在投弹手能看到目标的情况下才好用，但日本的阴天几乎和英国一样多。1945 年 2 月，驻关岛的气象专家告诉李梅，3 月，天空足够晴朗、可以进行可视轰炸的天数预计不超过 7 天，4 月和 5 月分别只有 6 天和 4 天。如果一个月只能轰炸六七天，那怎么能对日本发起持续攻击呢？

在李梅的自传中，有段奇怪的意识流表达，他写道：

多少次，就在这片岛屿的藤蔓上，我们趴了窝，动弹不得。我们集合飞机，装载炸弹，加装燃油，调集物资，召集人员，让机组人员做好准备——万事俱备，准备出发执行任务。然后，我们又干了什么呢？一屁股坐在地上，等待天气好转……所以，我现在想要做什么？想要让我们不受天气的影响，一切就绪后便能出发。[2]

那么，“想要让我们不受天气的影响”意味着什么呢？意味着轰炸机不仅要从喷射气流下面飞入，还要从云层下面飞入。李梅让飞行员在 5 000 ～ 9 000 英尺的高度飞行，任何驾驶 B–29 轰炸机执行过轰炸任务的人都未想过自己可以飞得这么低。

克兰解释说："一旦他意识到轰炸机将不得不飞得更低，其他一系列相应的结论就接踵而来。"

下一个逻辑是：精确轰炸应该是昼间轰炸，因为投弹手得先看清目标，才能对准瞄准器，但如果李梅指挥轰炸机在白天低空飞行，它们就会成为日本防空力量的活靶子，所以他决定在夜色的掩护下行动。

喷射气流和厚厚的云层意味着轰炸机必须低空飞行，低空飞行意味着夜间轰炸，夜间轰炸意味着无法实施精确轰炸：再也不用摆弄诺登投弹瞄准器了，再也不用采用紧密编队飞行来协调轰炸了，再也不用为无法确定目标的确切位置而痛苦不堪了。

他会用什么武器来发动这样的袭击呢？凝固汽油弹，用它将会很完美。

空袭施韦因富特的时候，精确轰炸的效果令李梅愤怒至极；后来 B-29 轰炸机机群从印度出发对日本实施的轰炸则因需要长途跋涉，加之沿途自然条件恶劣，以致代价太大，得不偿失，李梅亦对此失望透顶。于是，在关岛上的半圆形铁皮小屋里，他说要用自己的方式实施空袭。他为自己的第一次大规模袭击制订了计划，但他没有像"轰炸机黑手党"一直坚持的那样，说明确切的轰炸目标，而是只写了"东京"两个字。然后，他将计划发送给自己在华盛顿的上司阿诺德将军审批，并确保计划送达的那天，阿诺德不在办公室。"这样，他就可以在阿诺德还没来得及仔细看计划时就实施自己的首次空袭。"克兰说，"因为他也意识到了自己是在冒险，B-29 轰炸机的造价高昂……这说的可是夜间低空飞入敌方领空啊。李梅把飞机上的大部分机枪和弹药都拆卸了下来。”

这样，飞行员唯一可以用于自卫的武器就剩机尾的一架机枪。其他机枪都被拆除了，他想减掉多余的重量，以便尽可能多地携带凝固汽油弹。

执行那次任务的飞行员永远忘不了他们刚接到命令时的情景，B-29 轰炸机飞行员戴维·布雷登曾这样描述那次任务说明简报会：

在下面听的人都倒吸了一口凉气，因为除了高空飞行，别的他们从未想过。

散会后，大家走出去的时候，发现飞机底部都被涂成了黑色，意识到此次任务将不同寻常……大多数人都认为，这是一次自杀式的任务，有些人进屋给自己的家人写了告别信，你懂的，因为飞行高度太低。[3]

要知道，5 000 英尺的飞行高度不仅仅是低，5 000 英尺也是人们闻所未闻的飞行高度。20 年后，海伍德·汉塞尔仍然对李梅的疯狂想法感到震惊：

有人问我是否会那样做。说实话，我认为答案是否定的。我想，我会让飞行高度达到 15 000 英尺左右。

但在低至 5 000 ～ 10 000 英尺的高度飞入敌方领空，在不真正了解敌军防空火力密集程度的情况下，即使最终被证明是正确的，我认为也是非常危险、非常勇敢的行为，我认为这纯属李梅将军的个人决定。[4]

非常危险、非常勇敢的行为。真的没有必要去揣摩汉塞尔字里行间的意思。李梅向其飞行员做任务说明简报的那天，手下士兵眼看就要生起哗变。但是，假如那天早上你当面质问他为什么要这么做，他会说：我还能有什么选择？就像他后来说的："嗯，有一天我意识到，我在那里已经待了两个月，可是我还没能取得多少进展，我最好能做点儿什么。"[5]

难道他真的要坐在那里，等着云朵散去，喷射气流慢慢移走，让他的投弹手们变成诺登投弹瞄准器的鉴赏大师吗？在战争结束很久以后录的一段口述历史中，他对海伍德·汉塞尔的耻辱离去仍记忆犹新。对于自己战略的问题，李梅做了以下回答：

问：李梅将军，低空火攻的想法是怎么产生的？

李梅：我们的脑海中闪现过很多想法。这基本是我个人的决定，这决定是我做出的……没人说过用燃烧弹夜间空袭。但我们必须做点儿什么，我必须拿出战果。如果我拿不出，或者决策失误，结果会是空降另一个指挥官过去。这就是汉塞尔的前车之鉴，他没有拿出任何战果。所以我必须要有战果。

2

关于柯蒂斯·李梅，几乎所有的传奇故事都在描述他的冷血、他的无情、他那坚定不移的冷静。

在本书的第 4 章中，我引用了战争早期有一次李梅在欧洲执行完轰炸任务后说过的话：

问：李梅上校，今天任务完成得怎么样？

李梅：嗯，一切都很顺利，只是，和之前的任务相比，这次的任务很没意思，敌人没有出动战斗机，高射炮也不多，而且打得非常不准。[6]

执行任务时，他在敌方上空飞行的时间长达数小时，遭到了地面防空火炮的射击和德国战斗机的围攻。返回机场着陆后，他却说，和之前的任务相比，这次的任务很没意思。

在欧洲战场，李梅坚持要求他手下的飞行员们飞向轰炸目标时不要采取规避动作。飞行员们都害怕，如果照他说的做，自己和其他机组人员都将被敌军的高射炮击毙。于是，李梅说："我将是第一个尝试的人。"还记得他后来是怎么说的吗？"它成功了，我得承认，当我们第一次采用直接飞向目标的轰炸战术时，我和机队中其他人一样都感到有些不安，但它是成功的。"[7]

李梅手下的一名飞行员曾说，当他向李梅承认自己感到恐惧时，李梅回答说："拉尔夫，谁都可能会牺牲，所以最好接受命运的安排，这样你才能更好地战斗。”[8] 这就是我们了解的李梅。

但时不时地，又有迹象表明，李梅也有其不为人知的一面。例如，当他说“我承认有些不安”时，内心想表达的意思是“我很害怕”，但他当然不会让任何人看出来。① 如果飞行员们感觉到了你的恐惧，你就无法带领他们投入战斗，所以恐惧只能变成耸耸肩和一贯的轻描淡写。李梅在训练手下的队员时不留情面、毫不妥协，但他这样做是有原因的——他关心他们。同在关岛服过兵役的圣克莱尔·麦凯尔韦（St. Clair McKelway）曾是李梅的部下，由他执笔的李梅的档案材料中有这样一句话：李梅之所以这么做，是因为他“一想到缺乏纪律和训练对他的年轻队员意味着什么，就心生厌恶之情”[10]。

在李梅的回忆录中，似乎只有一次，他真正卸下了自己的心防。那是当他描述自己第一次看到飞机的时候，当时他还是个孩子，住在俄亥俄州哥伦布市一个穷困潦倒的社区，他在自己家后院站着：

突然，在我头顶上空出现了一架飞行器，它倏然而至，就在那里，我想抓住它……

---

① 甚至在给妻子的家信中，李梅也不表露任何情感。3 月 12 日，也就是袭击东京两天后，他只是顺带提到了这一任务：“前几天我们在东京执行了一项很好的任务。我给家里发了条消息，目的是想让你知道《陆军每小时》这个节目，希望消息能及时传达到。你喜欢那个晚礼服手包，我很高兴，我肯定宠坏你了，记得那时候，买它的钱够付一个月的杂货账单了。”[9]

孩子们往往志向高远、遐想无限，为了得到想要的奖杯而全力以赴。没有人阻止我，没有人站在我身边说："看，你还太小，飞机在天上那么高，你跑多快也赶不上，你够不到那么高，抓不住它。"我还是想，也许我可以抓住飞机，把它据为己有，永远拥有它。于是，我就跟在它后面跑啊跑。

经过邻居们的后院，穿越一片又一片空地，跑上一条又一条人行道……可是，他当然抓不到它。"飞机稍纵即逝。那个用金属和木头做成的在云霄中穿梭的'好东西'，它那澎湃的声音和强劲的动力，以及它让人产生的奇妙幻想，都突然不见了踪影。"[11]

回到家，他哭了。

李梅唯一一次承认自己流露真实情感，就是在他讲述自己这段童年经历的时候，而且令其动容的是架冷冰冰的机器。人们很容易理解海伍德·汉塞尔或其他"轰炸机黑手党"成员的道德愿景，因为他们讲求高尚的品德，他们常问我们能问心无愧地发动战争吗？但要理解李梅，你得下点儿功夫。

在 1998 年的口述历史中，李梅的女儿简·李梅·洛奇（Jane LeMay Lodge）谈到了这个问题：

有几篇非常糟糕的文章说他想发动第三次世界大战，说他是好战分子、鹰派成员……其实，战争期间有篇采访稿，你读了就知道，当他们进行低空轰炸时——他那时没能亲自执行任务，他站在跑道上数飞机，数共有多少架飞机起飞。

数飞机，站在那里数，直到最后一架飞机回来。一个残酷无情、为所欲为或欺压成性的人，是不会这样做的。[12]

然而，李梅打算用燃烧弹去袭击日本，对此他又该作何解释呢？他会说，军队领导者的责任是尽可能地缩短战争时间。给人们带来痛苦的是战争的持续，而不是战争的手段。如果你关心自己士兵的生命，也关心敌人所遭受的痛苦，你就应该不遗余力地发动一场无情的、决定性的、毁灭性的战争。因为，无情、坚决和毁灭若能将战争时间由两年变为一年，这难道不是最理想的结果吗？

撒旦引诱耶稣，只要耶稣愿意接受——正如一位神学家所言——“为了善而行恶的诱惑，或因目标伟大而将不正当手段视为合理的诱惑”[13]，就让他统治他所能看到的一切，给他打败罗马敌人的机会。在这个问题上，海伍德·汉塞尔站在耶稣一边，他认为不应该为了善而作恶。但李梅可能会经过一番思想斗争后考虑追随撒旦的步伐：如果邪恶的手段能帮他迅速得到他认为的更好的结局，他就会接受它。

多年后，李梅曾说：“战争是卑鄙、肮脏的，会死很多人，但有时又无法回避。我认为，任何有道德的指挥官都会最大限度地将战争规模最小化，而在我看来，达到这一目的的最佳方法就是尽快结束战争。”[14]

这就是他向全体队员说明任务时所说的话：我知道，我这样提议听起来很疯狂，但这是我们结束这场战争的唯一机会。除此之外，我们还有什么选择？大家想回到海伍德·汉塞尔的时代，坐在跑道上等待天气转晴吗？那我们都得在这里待上好几年。在德国，纳粹即将投降；在美国国内，为支持这场战争而耗费了四年时间的人们也已筋疲力尽。柯蒂斯·李梅认为，他已经没有时间可以继续浪费，他必须采取行动。

3

于是，1945 年 3 月 9 日晚，在行动指挥中心，柯蒂斯·李梅第一次下令对东京发动全面空袭。

那天下午，有一场必须举行的新闻发布会。劳里斯·诺斯塔德将军，就是那个让海伍德·汉塞尔收拾行装回美国老家的人，又从华盛顿飞了过来。他和李梅向战地记者做了任务说明简报，告诉他们哪些内容可以透露、哪些不能透露。然后，这些轰炸机从关岛、塞班岛和天宁岛上的机场一架接一架地起飞，共 300 多架 B-29 轰炸机，真是一众无敌机群。它们尽可能多地装载了凝固汽油弹。[15] 李梅站在柏油碎石铺成的飞机跑道上，数着这些飞机。

第一批轰炸机直到第二天清晨才能抵达东京。所以，这天剩下的时间里，除了等待，没有别的事情可做。晚上，李梅来到作战指挥室，坐在一张长凳上抽雪茄。

圣克莱尔·麦凯尔韦是美军基地负责公共关系的军官。凌晨 2 点，他发现作战指挥室里只有李梅一个人。李梅把其他人都打发回屋了。“这次行动让我自己也捏把汗。”李梅告诉麦凯尔韦，“很多事情都可能出错……我睡不着……通常我能睡着，但今晚很难。”

麦凯尔韦后来为《纽约客》写了一系列文章，讲述了他和李梅在关岛的那段时光。[①]他对那个无尽等待之夜的描述值得详细引用：

李梅决定让B-29轰炸机在东京上空5 000～6 000英尺的高度飞行，这加大了轰炸机机组人员被敌军击中的风险，并且李梅对他们有着深切的责任感。做出这样的决定，他是在拿整个B-29轰炸机部队冒险，然而……无论在情感意义还是在军事行动意义上，这对他来说都很重要。我想，他不仅是一名军官，也是一个普通人，所以他同时也是在拿自己的未来冒险：如果这个决定会让他失去70%、50%甚至仅仅25%的飞机，他都会一蹶不振。我想，像他这样的人，一定会自此一蹶不振，因为他会失去自信心。

麦凯尔韦走到李梅身旁，在长凳上坐下。“如果这次空袭能像我设想的那样有效，我们就能缩短这场战争。”李梅对麦凯尔

---

① 离开《纽约客》后，麦凯尔韦曾在陆军担任中校。作为一名负责公共关系的军官，他的职责包括审查可能对他部队同事和上级不利的报道。他的战后报道，因为叙述失实和粉饰战争罪行，受到了包括《纽约客》在内的多家媒体的尖锐批评。

韦说。他总是这么说。他看了看手表，距来自日本的第一批报告还有半小时。

“你想喝可口可乐吗？”李梅说，“我可以偷偷溜进营房，不吵醒其他人，拿两瓶可口可乐，然后我们可以坐在我的车里喝，这样可以消磨掉大部分我们需要等待的时间。”……我们坐在黑暗中，面对着总部周围的丛林，它在空地和大海之间生长得如此茂密。

两人在等待中经历的，后来被证明是二战期间一个最漫长的黑夜。

4

柯蒂斯·李梅的B-29轰炸机机群的目的地是东京市中心横跨隅田川①的一个12平方英里的矩形区域。它包括一个工业区、一个商业区和一个有数千套住宅的以工人阶级为主的平民居住区，是当时世界上人口最密集的市区之一。②

① 隅田川是日本东京都的一条河流。——译者注

② 正如环境史学家戴维·费德曼（David Fedman）所指出的，东京袭击的军事地图显示，拥挤的工人阶级平民区被蓄意划为轰炸目标。为什么？因为穷人的房子很容易被点燃。“城市中人口密集地区与燃烧区域重合并非偶然：战争策划者们试图利用城市这一部分的脆弱性，因为它基本都是易燃的‘纸和胶合板材料’。”[16]

第一架“超级堡垒”在午夜过后抵达东京，发射了信号弹以标记目标区域。接下来便是机群的猛攻，数百架飞机——巨大的带翼机械巨兽，在东京上空呼啸而过，飞得如此之低，以至于整座城市都笼罩在引擎的轰鸣声中。事实证明，美国军方对这座城市防空火力的担心简直是杞人忧天：日本人对从5 000英尺高空飞入的轰炸机袭击完全没有防备。

炸弹一捆捆地从B–29轰炸机上落下，那是一根根20英寸长、6磅重、内装凝固汽油弹的小钢管。小小的炸弹，个个尾部带着长长的纱布飘带，所以那天晚上如果你在东京仰望夜空，会发现一个非常壮观的景象——成千上万把亮绿色的“匕首”纷纷落下。

随后，“轰隆”。炸弹击中目标后，发生了数千次小的爆炸，到处是浓烈的汽油味，燃烧的凝固汽油弹炸向四面八方。然后是另一波轰炸机的轰炸，之后又有一波。全面空袭持续了近三个小时，投掷了1 665吨凝固汽油弹。策划者们事先早已料到，这么多燃烧弹被这么近距离地投下，将会引发一场大火风暴——一场强烈的大火将会产生并维持自己的风场系统。他们的料想是正确的，结果方圆16平方英里内，一切都化为灰烬。

没等烈火蔓延开来，建筑物就着起了大火。母亲们背着孩子跑出火场，却在停下来休息时发现孩子身上着火了。人们跳进与隅田川相连的运河，却只能在潮水到来或数百人在他们之后跳下而压到他们身上时被活活淹死。人们试图跑到钢桥上躲避，却发现桥上的金属越来越热，直到无法触碰，最后他们也都倒地身亡。

这次袭击的现场总指挥——李梅的副手汤米·鲍尔（Tommy Power）——当晚也驾驶着飞机在东京上空盘旋。军事历史学家康拉德·克兰说，鲍尔坐在驾驶舱里，把他看到的一切都画了下来：

鲍尔说："从天而降的燃烧弹密密麻麻，根本无法从中穿行。"到凌晨2点37分，最大的可见燃烧区域大约有40个街区那么长、15个街区那么宽，产生的烟雾都飘到了25 000英尺的高空……

他画了大概一个小时，画完最后一笔的时候，城中同时在燃烧的街区已大致从50个增加到1 000个。他在最后递交的报告中说，150英里外都能看到火光。

战后，美国战略轰炸调查团得出如下结论："东京大轰炸引发火灾的这段时间，可能是人类历史上死亡人数最多的6个小时。"[17]那天晚上的轰炸共造成约10万人死亡，飞行员们执行完轰炸任务返回部队时都惊恐不已。

飞行员戴维·布雷登回忆道："坦白说，那些城区着火时，看上去就像人间炼狱，我的意思是，无法想象会燃起那么大的火。"[18]

康拉德·克兰补充说："轰炸机的飞行高度大约在5 000英尺，相当低……太低了，以至于机舱里都弥漫着尸体烧焦的气味……飞机返回马里亚纳群岛着陆后，他们不得不对飞机进行熏蒸，因为机舱内部尸体烧焦的气味久久不散。”

次日晚，午夜时分，李梅在睡梦中被人叫醒。航拍的东京大轰炸的照片已经准备好。消息传开后，人们纷纷跑下床，开上吉普车，来到李梅的住处，很快房间里就挤满了人。李梅还穿着睡衣，他把照片放在一张大桌子上，在明亮的灯光下，震惊地沉默了一会儿。圣克莱尔·麦凯尔韦和其他人当时也在旁边站着，他还记得李梅指着那一大片废墟。“这里都完了。”李梅说，“这里完了，还有这里、这里和这里。”

劳里斯·诺斯塔德将军站在他旁边说：“全变成了灰——那里全是，还有那里和那里。”[①]

① 3月9日的空袭给日本造成了难以估量的生命损失，但日本政府至今没有建造任何纪念此次袭击的纪念碑。那晚幸存下来的人们把自己称为“积极回忆者”，面对政府和公众的冷漠，他们一直在以一己之力努力地纪念东京大轰炸。最终，他们筹集资金建造了自己的纪念馆——东京大轰炸与战灾资料中心。在即将上映的纪录片《纸城》（*Paper City*）中，导演阿德里安·弗朗西斯（Adrian Francis）采访了1945年东京大轰炸的幸存者，以记录他们的故事和他们为纪念东京大轰炸而不懈斗争的经历。

第 9 章

即兴毁灭

1

1945 年 3 月，柯蒂斯·李梅用燃烧弹轰炸东京之后，他和他的第 21 轰炸机司令部像野兽一样横行于日本其他地区的上空。[1] 大阪、吴市、神户、西宫等地接连被炸，短短半年时间，李梅共轰炸了日本的 67 座城市——冈山、德岛、富山均遭其毒手，受毁程度分别高达 68.9%、85% 和 99%。谁也说不清共有多少日本人死于战乱，也许 50 万，也许 100 万。8 月 6 日，一架特别装备的 B-29 轰炸机“艾诺拉·盖号”从马里亚纳群岛飞往广岛，投下了世界上第一颗原子弹。① 李梅却并未因此止步，他继续勇往直前。在他的回忆录中，关于核攻击的内容只有几页，他认为那是别人的表演。

---

① 一般认为，1945 年 7 月 16 日，美国成功爆炸了世界上第一颗原子弹。因此，严谨地说，1945 年 8 月 6 日，美国用 B-29 轰炸机运载并轰炸广岛的原子弹“小男孩”是人类历史上第一颗用于实战的原子弹。——译者注

8 月 8 日，我们的 B–29 轰炸机前往八幡投掷燃烧弹，烧毁了城区的 21%。同一天，另一些 B–29 轰炸机去了福山，烧毁了城区的 73.3%。8 月 9 日，第二颗原子弹被投到长崎后，敌人仍垂死挣扎。我们继续执行轰炸任务，8 月 14 日去了熊谷市……烧毁了那座城市的 45%。我们的最后一次飞行任务是同一天对伊势崎市的轰炸，烧毁了它的 17%。之后，飞行员们回到马里亚纳群岛时，被告知日本已经投降。[2]

李梅总是说，原子弹的使用有些多余，因为大部分工作已于此前完成。

2

关于燃烧弹轰炸，有个为李梅所津津乐道的故事。他在回忆录中讲过这个故事，在退休后接受采访时也讲过。他每次讲这个故事用的语言——短语和细节的顺序——都一模一样，好像成了他的套路。他讲到了约瑟夫 · 史迪威将军。

史迪威曾是中缅印战区美国军事行动的总指挥，他比李梅年长一代，毕业于西点军校，是一名传统的军人，绰号叫“酸醋乔”。他精明而倔强，其办公桌上有一块木牌，上面刻着一句话——“别让那些浑蛋压垮你”。李梅当然想见史迪威，于是有一天，他非常礼貌地去拜访史迪威。

李梅说：

我去新德里拜访他。他外出去了丛林中的什么地方。嗯，我可不想去丛林中找他。我只留下了一张名片，见了他的参谋长，就回来了。[3]

故事的开头很有李梅的特点：听起来有点儿好勇斗狠——“我可不想去丛林中找他”。后来，李梅又试着找了史迪威一次，不久后，他在中国成都的B-29轰炸机中途补给基地见到了史迪威，他想向史迪威说明第20轰炸机司令部的作战计划。

我缠着他一起讨论作战任务，共进晚餐，我跟他谈了整整一个晚上，试图向他解释战略轰炸的方方面面，向他说明我们正在尝试做的事情及将如何着手去做……但我没能取得丝毫进展，就是不能，真的无法取得丝毫进展。

换句话说，李梅跟史迪威讲不明白。

这两位知名的将军，就这样在成都吃饭喝酒，与此同时，李梅试图向他的这位同事说明：自己正在做什么、自己想做什么，以及自己认为性能卓越的新型轰炸机B-29能做什么。他试图传达这样一种观点，即空中力量不必专门用于支持地面部队，可以有其他选择：空中力量可以越过前线，在敌人后方对其发起攻击；如有需要，它可以摧毁电网、制造厂甚至整座城市。

他说凝固汽油弹的事了吗？肯定说了。犹他州沙漠中进行的对仿制日本建筑的燃烧弹轰炸试验有案可查，而且，李梅在对日本的轰炸行动中也至少已经使用过一次凝固汽油弹。因此，也许他甚至曾对史迪威说："嗯，我们完全可以把整个国家都焚毁。"

然而，史迪威——这位二战期间久经沙场、足智多谋的军人——却根本不明白李梅到底在说什么。他可能在想：什么意思？你想只用空中力量来打赢战争吗？

一年后，日本投降了，两人再次相见。

第二次见到他，是在我们登上停靠在日本横滨的"密苏里号"战列舰的时候，他也在那里接受日本投降。我猜那时横滨是一个大约有 450 万人口的城市，但我刚到横滨时看到的日本人总共不到 100 个，我敢肯定周围还有更多的人，但他们躲着没出来。

早在 1945 年 5 月，即李梅火攻东京两个月后，他就轰炸过横滨，派出 450 多架 B-29 轰炸机投下了 2 570 吨凝固汽油弹，将这座城市的一半化为灰烬，夺走了数万人的生命。日本投降日相遇后没几天，李梅和史迪威又在关岛会面。李梅后来回忆说：

史迪威过来找我，他说："李梅，我停下手头的工作过来找你，是想告诉你，我终于明白你当时的意思了……直到目睹横滨这座城市的惨状，我才恍然大悟。"

为什么与李梅在中国首次交谈时，史迪威理解不了李梅的意图呢？史迪威可不是什么菩萨心肠，走在横滨的建筑废墟间，他满心欢喜。他在日记中写道："盯着这些傲慢、丑陋、圆脸、龅牙、弓形腿的浑蛋，看到他们的悲惨下场，真是痛快无比。周围有许多刚复员的士兵，警察大多会敬礼，而民众通常只是漠不关心的样子。战争给他们留下了创伤，我们有些幸灾乐祸，3 点到场时感觉颇好。"[4]

史迪威就是这样的人。然而，他必须亲眼看到航空队在横滨的所作所为，才能理解李梅，因为李梅和他在中国谈话的内容超出了这位老将军的想象。史迪威早年在西点军校学的全是关于士兵对士兵、部队对部队的作战知识，他们那一代军人很难理解战争可以针对平民百姓，很难理解作为一名美国陆军军官，只要你愿意，你可以炸毁整座城市，然后还可以继续一个接一个地炸毁更多的城市。

罗斯福执政时期的美国战争部部长亨利·史汀生对李梅发动空袭的反应同样令人不解。对于二战初期美国打造的庞大战争机器，史汀生比任何人都清楚，因为他是最主要的负责人。他出身名门，也是位传奇人物，现场参加过所有美军关于战略战术的讨论。但奇怪的是，作为一名理性的成年人，他似乎并没有意识到自己的航空队究竟在干什么。

陆军航空队司令阿诺德将军曾板着脸告诉史汀生，李梅正试图将日本平民伤亡人数降至最低。史汀生相信了他。直到 5 月底，李梅第二次轰炸东京之后，史汀生才表示自己对日本的情况感到震惊。感到震惊？这时距李梅第一次轰炸东京、将 16 平方英里的城区夷为平地已经过去大约两个半月。

历史学家们一直在努力弄清楚史汀生的失察是怎么回事。①军事历史学家罗纳德·谢弗（Ronald Schaffer）在其著作《审判之翼》（*Wings of Judgment*）中写道：

> 难道战争部部长对3月10日东京大轰炸的了解比《纽约时报》的读者还少吗？他为什么要接受阿诺德的说法，相信美军在试图限制轰炸对日本平民造成的影响呢？他是否在暗示，他其实不希望被告知陆军航空队究竟对日本平民做了什么呢？[7]

史迪威对李梅的想法充耳不闻，史汀生对李梅的做法视而不见。我怀疑两者的行为有共同的原因：那年夏天，李梅的行动完全超出了他们的想象。

说起对日战争的结束，我们往往会谈到1945年8月在长崎和广岛投掷的两颗原子弹。对日本使用核武器是认真规划和考虑的结果，美国政府和军方最高层为此经历了无尽的争论和苦恼。"我们应该使用原子弹吗？用的话，炸哪里呢？用一次，还是两次？使用原子弹的话，我们是不是就开了一个危险的先例呢？"

---

① 史汀生死后，后人对其争议颇多。在其著作中，史汀生表达了对可能导致平民伤亡的担忧，并反对破坏京都等文化中心。但历史学家指出，史汀生对燃烧弹轰炸行动的错觉即使不是完全不可信，也是不可原谅的。在东线，一篇美联社报道犀利地谴责美军称，美军指挥官计划"对德国人口密集地区进行蓄意恐怖轰炸，将此作为一个无情却可以加速希特勒灭亡的权宜之计"[5]。后来，史汀生设法编造了对自己有利的说辞："我们从来没有对平民实施恐怖轰炸袭击的政策。"[6]

这些问题一直困扰着他们。1945 年春，罗斯福总统去世，杜鲁门上任。新总统听取了军事专家和科学专家们的建议，提前权衡使用原子弹的利弊。为此决定，杜鲁门曾无法入睡，在白宫的大厅里踱步。①

可是，李梅使用燃烧弹进行轰炸的军事行动却没有经过任何人的深思熟虑。那年夏天他对日本的狂轰滥炸，既没有正式的作战计划，也没得到上级的明确指示。对于使用燃烧弹轰炸日本的军事行动，华盛顿的战争策划者们所能想到的最大规模是袭击 6 座城市，而不是 67 座。到 7 月，李梅已经在轰炸日本的一些小城市了，这些城市没有重要的军工产业——只有居住在“火柴盒”中的平民。历史学家威廉·拉尔夫把李梅夏季的轰炸行动称为“即兴毁灭”：

> 令人震惊的是，破坏力如此巨大的军事行动方案……竟出自一位战地指挥官之手。怎么能允许这种事情发生呢？如此关乎道德和政治影响的决定，怎么能交给一个年轻的战地指挥官去做出呢？上级的个人责任和积极干预又去哪里了呢？[9]

---

① 杜鲁门在 1945 年 7 月 25 日的日记中写道：“我们发现了世界历史上最可怕的炸弹……从现在起到 8 月 10 日，这个武器将被用来对付日本。我已经告诉战争部部长史汀生先生，它的攻击目标应该是敌军的士兵、船员和军事设施，而不是妇女和儿童。尽管日本人惨无人道、丧心病狂，但我们作为自由世界的领袖，不可以对京都和东京使用这种可怕的炸弹。”[8]

然而，像史汀生和史迪威这样的军政要人，不能（也不会去）理解李梅在做什么。他们不仅难以理解李梅那年夏天为何要策划并实施如此大规模的对日轰炸，还难以理解他指挥作战时何以如此肆无忌惮。在马里亚纳群岛上，一名男子爱上了凝固汽油弹，临时想出了不受天气影响的火攻之法，然后一发不可收。

3

对日本的地面进攻——令日本和美国军队都心生畏惧——从来没有发生过。1945 年 8 月，日本投降了。这正是 3 月的那个晚上李梅所期望的结果，那天下午他首次将满载燃烧弹的 B-29 轰炸机机群派往东京实施大规模轰炸。后来，他和圣克莱尔·麦凯尔韦坐在车里，他说："如果这次空袭能像我设想的那样有效，我们就能缩短这场战争。"在李梅看来，发动的战争越是残暴，就越能缩短作战时间，这顺理成章，无可厚非。

康拉德·克兰告诉我：

> 我在东京做过一场关于美军使用燃烧弹空袭东京的讲座。讲座结束时，一位资深日本历史学家站起来说："最后，我们必须感谢你们这些美国人，感谢你们的燃烧弹和原子弹。"
>
> 这让我有点儿吃惊。然后，他解释说："无论如何，我们最终都会投降，但大规模的燃烧弹袭击和原子弹投放的结果是，我

们在 8 月就投降了。”

换句话说，这位日本历史学家认为：没有燃烧弹和原子弹，日本人就不会投降；如果他们不投降，苏联就会入侵，然后美国也会入侵，日本就会被瓜分，最终结局就和德国及朝鲜半岛一样。

克兰补充说：

如果日本不投降，很有可能一到冬天，还会有几百万日本人饿死。因为事实是，日本 8 月投降，使麦克阿瑟早早完成了对日本的军事占领，这实际养活了日本人……我的意思是，这是麦克阿瑟最伟大的成就之一：他带去了很多食物，避免了 1945 年冬可能发生的饥荒。

他说的麦克阿瑟就是接受日本天皇投降的盟军西南太平洋战区总司令——道格拉斯·麦克阿瑟将军。

柯蒂斯·李梅的作战方法让所有人（美国人和日本人）都最快地重新享受到了和平与繁荣。1964 年，日本政府授予李梅日本最高规格的“勋一等旭日大绶章”，以感谢他帮助日本重新建设空中力量。“过去的就让它过去吧。”时任日本首相在驳斥议会同僚的反对意见时说，“我们应该向这位将军授予勋章，以表彰他为我们的航空自卫队所做的巨大贡献，这是很自然的。”[10]

相信退休后的海伍德·汉塞尔在报纸上看到这则消息时一定

会想，自己一直在努力打一场平民伤亡人数最少的战争，为什么却得不到任何奖章。不管失败者的意图有多高尚，人们不会把奖励授给执行任务失败的人：胜者为王，不是吗？

但是，如果说赢得了战争和奖品的是柯蒂斯·李梅，为什么让我们感动的却是海伍德·汉塞尔对过去的回忆？堂吉诃德满脑子痴心妄想，时常幻想自己是英勇的骑士，会把风车当巨人，与之恶战，可是浪漫、理想主义的海伍德·汉塞尔还是喜欢他。我们可以钦佩柯蒂斯·李梅，尊重他，并尽量理解他的选择，但汉塞尔才是我们的真爱。为什么？因为我认为他为现代世界树立了一个道德典范。我们所处的时代，新技术和创新层出不穷，但要让这些新技术服务于高尚事业，非有一群虔诚的信徒去坚持要求把它们用于这样的事业不可。“轰炸机黑手党”正是这样一群信徒，尽管他们精心制订的计划因欧洲厚厚的云层和日本上空的喷射气流而屡屡落空，但他们坚持不懈，即使在面对技术难免被不当使用的时候，即使放弃梦想就能更快取胜，即使撒旦提议只要他们放弃自己的信仰，他就赋予他们世间的一切。没有了坚持，原则就失去了意义。因为终有一天，你的梦想可能会实现，但如若这之前你不坚持自己的梦想，那你是谁呢？还是你自己吗？

塔米·比德尔是在美军战争学院任教的军事历史学家。我问她，在给学生们讲 1945 年春夏的事件时，如何看待李梅对日本的燃烧弹袭击。她给我讲述了她祖母的个人经历，她说：“我祖母赛迪·戴维斯有两个孩子——两个儿子，他们都参加了二战。一个已经在太平洋战场上待了很长时间，另一个则一直在欧洲战场打仗，但到美军计划的登陆九州岛的时间，他还不到退役的时候。”

登陆九州岛计划是占领日本本土计划的一部分，原定于1945年11月实施，预计将导致50多万美国士兵丧生，更不用说会死同样多的日本人了。比德尔继续说：

要不是美国对日本进行了异常残酷的打击和无情的封锁，对其城市进行空袭，并最终使用了原子弹，他可能就得参加登陆战了。①

对祖母来说，我敢肯定，她非常希望那时我们能对日本人残忍一些，因为她盼望儿子们早日回家。战争期间，很多人都这么想。战争结束后，纵观其全局，看看它给全世界带来的变化，想想发生了什么，再想想多少人因此失去了生命，想想它造成的破坏，看看广岛和德国被轰炸城市的照片，你会想：“上帝啊，难道没有别的办法吗？我们失去灵魂了吗？我们是不是为了胜利而进行了一场浮士德式的交易②？在这种交易中，胜利让我们在道德上付出的代价是不是太大了？”

---

① 陆军上将乔治·C. 马歇尔认为，久战不决将有损军队士气，他认为最快的取胜办法是通过两栖登陆战攻占日本本土。与此相对，海军舰队司令欧内斯特·J. 金上将则认为，攻占日本本土会造成太多伤亡。最终，这些计划从未实施。海上封锁扩大之前，日本投降了，代号为“没落行动”的对日本本土的进攻也从未开始。[11]

② 浮士德式的交易指为获得财富、成功或权力而不择手段的行为。——译者注

为了每天提醒自己不忘记有多少人在他认为是毫无成就的任务中丧生，柯蒂斯·李梅把施韦因富特和雷根斯堡被炸弹炸毁的照片挂在了自家门厅的墙上。如果柯蒂斯·李梅也能把东京被燃烧弹轰炸的照片挂上，每天提醒自己，他在自己认为是最成功的任务中失去了什么，我对他的好感会多一些。①

比德尔说：

这些都是无法解决的问题，我希望我永远不必面对祖母当时的那种处境：战争期间，两个儿子都上了前线。她希望的是，对

① 最后，历史上，人们对柯蒂斯·李梅印象最深刻的可能是他在1965年退休前出版的回忆录中的一句话："我们要把他们炸回石器时代。"在回忆录中，这句话被作为李梅谈到越南民主共和国时说的话而加以引用。1968年，李梅与种族隔离主义者乔治·华莱士以第三党身份竞选副总统，这句话被媒体广为宣传。然而，沃伦·科扎克（Warren Kozak）2009年写的关于李梅的传记对这句名言的真实性提出了疑问。科扎克写道："李梅的自传《李梅的使命》（*Mission with LeMay*）是在小说家麦金利·坎特（MacKinley Kantor）的帮助下写成的。李梅将自己的故事、想法和说过的一些话都告诉了坎特，坎特则将它们写了下来。这本书的大部分是用李梅的口吻写的，写得很好。但书中第545页有一段关于越南的引述是由坎特杜撰的：'对于这个问题，我的解决办法是，坦率地告诉他们，他们必须收起他们的犄角，停止他们的侵略，否则我们将把他们炸回石器时代。我们会用空军或海军力量把他们推回到石器时代，而不是用地面部队。'直到今天，一提起李梅的名字，大多数人仍记得那句话，会问：'他不是那个想把越南炸回石器时代的家伙吗？'很久以后，李梅向朋友们承认他从未说过这句话。但书稿出版前曾被送到李梅那里征求他的同意。对此，他和朋友及家人解释说：'我实在太烦看那些书稿，就草草让它通过了。'既然书上有他的署名，他就对其内容负有责任。这句话很可能会一直伴随着他，只因它听起来太像他可能会说的话了。"[12]

敌人的打击要极具破坏性，以使战争尽快结束，儿子们好回家。我希望我永远不必去希望祖母所希望的事情，我希望自己一辈子也不用面对这种事，我也不愿意去对抱有这种希望的人做什么评判。

结 语

战役与战争

在本书的写作过程中，有天晚上我拜访了空军参谋长的官邸“空军之家”。“空军之家”位于波托马克河边，与华盛顿特区隔河相望。我在本书的开头提过此事。时任空军参谋长戴维·戈德费恩将军请我到他家里，和他的一群将军同僚坐着聊天。

“空军之家”所处的大街上，坐落着许多优雅的维多利亚式住宅。参谋长联席会议主席就住在这条街上，隔壁住的参谋长联席会议副主席那晚也来到戈德费恩家中。莱特兄弟首次向陆军高层演示空中飞行时所用的试验场就在街对面。室内，餐厅的一面墙上张贴着自 1947 年空军成为独立军种以来，所有担任过空军最高职务的人物的照片。我在照片前站立许久，观察自己读到和听说过的名字和面孔。在最上面一排左数第五的位置，我发现了柯蒂斯·李梅的照片，他看起来像正怒视着镜头。①

那是夏天一个炎热的夜晚，我们五个人坐在屋外的躺椅上。

---

① 1948 年，李梅接任美国战略空军司令部司令。历史学家理查德·科恩指出：“李梅将军在其 1948—1957 年掌管的战略空军司令部的组建过程中发挥了无人可比的巨大作用。”1961 年，肯尼迪总统任命李梅为空军参谋长后，他的地位更高了。

不远处，里根国家机场起飞的飞机一架架从我们头顶上呼啸而过；在我们身旁，一台大空调机嗡嗡作响，蚊子欢快地飞来飞去；将军们在谈他们打过的仗——科索沃战争、“沙漠风暴”行动、阿富汗战争。这些空军将军中，有人的祖父曾在二战期间服役，父亲也曾在越南战争期间当兵打仗，所以他们对过去和现在的情况有个人的、独到的见解。

其中有位将军讲述了他在阿富汗西部的一次经历。他接到战士打来的电话，说他们的部队正遭到敌人的袭击。

地面部队有个伙计用无线电向我报告时，我能听到他附近有50口径重机枪在响。他说：“我们被敌人从三面包围了，正遭受猛烈的射击，营部很多人都受伤了，我们快守不住了。”

地面部队需要空中支援。但如果空投炸弹偏离目标哪怕只有10米，炸到的可能就是美军自己的部队。这位将军继续说：“结果，3枚炸弹分别落在距这伙计不足20米的范围内，炸毁了3座不同的建筑，这伙计和他的队友们得救了。精确制导炸弹就能达到这种精确程度。”

戈德费恩指了指“空军之家”旁边的两大排住宅，他说，越战期间，他父亲驾驶过F-4战斗机，假设那时他要炸“空军之家”这座建筑，可能得往这条街上投6枚炸弹，并且有理由相信，至少会有一两枚炸弹能命中目标。相比之下，戈德费恩说：“作为他的儿子，我参加‘沙漠风暴’行动的时候，可以说……我已经有 89% 的信心让炸弹击中这栋大楼。”

然而，就在美国入侵科威特短短几年后，戈德费恩将军率领一个中队进入了科索沃，他说，到那个时候，他不仅有百分之百的信心可以炸毁“空军之家”，还有百分之百的信心只炸毁这座建筑的某个侧翼。

好，再看现在。如今，人们的期望是，年轻的飞行员就可以用炸弹击中烟囱底座上方的小尖顶。而且……如果没打中，那就是一次失误。现在就可以这么精确。当然……我举这个例子的原因是：现在的袭击目标可以是房间里的某个人，我可以炸到他，但又不炸坏在他之下的楼层。我们一直在这么做，这就是我们能达到的精确程度。

那天晚上，没有一位将军说，精确轰炸这一重大技术革新使战争日趋完美，或解决了战争的所有问题。它也有自己的缺点，如果轰炸目标是房间内特定的一个人，那你必须掌握足够准确的情报得知他就是你要袭击的人才行。此外，当你有办法只炸死房间里的某个人的时候，你要炸死他的这个决定就更容易做出，不是吗？将军们都担心会发生这样的事：轰炸机轰炸得越精确，越干净利落，人们就越想使用它——即使有时不该使用。

但是，试想一下，1945 年，如果有人想要炸毁戈德费恩说的那座房屋，他可能会率领一个轰炸机机群，带着几千吨凝固汽油弹，将方圆几英里内的一切——河对岸的华盛顿特区及与空军基地相邻的弗吉尼亚州阿灵顿——全部焚烧殆尽。

有些道德问题，人们只能依靠自己的良心和意志去解决，这是最难解决的问题。但是，还有一些问题，人们可以通过运用自己的聪明才智来解决。“轰炸机黑手党”的天才们深知这一区别，他们会说，我们不必为了追求我们的军事目标而滥杀无辜，把他们烧得面目全非，我们可以改进战争方式。后来，事实证明，他们是对的。①

将军们谈起了现在的 B-2 轰炸机——隐形轰炸机。就其对空军的重要性而言，它与柯蒂斯·李梅时代的 B-29 轰炸机不相上下。但这种轰炸机可以来去无踪，无法被察觉。

一位将军说：“因此，在迈尔堡，我们今天坐的这里，B-2 轰炸机上的飞行员看都不用看就基本可以从 4 万英尺的高空击中他想要摧毁的 80 个目标。雷达也探测不到 B-2 轰炸机，它完成任务就飞走了。”我问他这种轰炸机靠近时，我们能不能听到它的声音。他说：“听不到。它飞得太高了，听不到声音。”

那种情形就是：我们都坐在后院的躺椅上，抬头转眼间，“轰隆”一声，“空军之家”——或许只是它的某个特定部分——灰飞烟灭。

高空精确轰炸。

柯蒂斯·李梅打赢的是战役，海伍德·汉塞尔打赢的是战争。

---

① 2009 年 1 月 21 日，奥巴马总统在就职的第二天签署了联合国禁止使用燃烧武器公约。该公约于 1981 年开放签署，至我动笔写作本书时，已有 115 个国家签署《特定常规武器公约》。[1]

致 谢

本书的问世非同寻常，因为与大多数图书的形成过程相反，这一文学生命先以有声读物的形式与大家见了面，后来才被转化为印刷品。因此，我首先要感谢普希金有声读物公司的工作团队，他们帮助我完成了本书的原始形式，他们是负责管理普希金有声读物的布兰登·弗朗西斯·纽纳姆和贾斯敏·福斯蒂诺、我的编辑朱莉娅·巴顿、我的制作人雅各布·史密斯和埃洛伊丝·林顿、我的事实核查顾问艾米·盖恩斯、作曲家路易斯·圭拉、音效工程高手弗拉恩·威廉姆斯和马丁·H.冈萨雷斯。我还要感谢过去和现在的几位研究人员，包括卡米尔·巴普蒂斯塔、史蒂芬妮·丹尼尔、贝丝·约翰逊和希尔玛拉·马丁内斯-怀特，还有希瑟·费因、卡莉·米格利奥里和米娅·洛贝尔。

个人写作生涯之始，利特尔 & 布朗出版社就一直是我的出版商，我非常感谢出版社的工作人员从普希金有声读物公司团队那里接过了这本书的内容，把它制作成了纸质书和电子书，他们是布鲁斯·尼科尔斯、特里·亚当斯、梅西·巴纳、帕姆·布朗、朱迪·克莱因、芭芭拉·克拉克、肖恩·福特、伊丽莎白·加里加、埃文·汉森–邦迪、帕特·贾伯特–莱文、格雷格·库利克、米亚·库曼盖、劳拉·马姆洛克、阿西亚·穆奇尼克、马里奥·普利斯、玛丽·通多夫–迪克和克雷格·杨。

最后但同样重要的是，空军第 21 任参谋长戴维·戈德费恩将军和第 22 任参谋长查尔斯·布朗将军都极其慷慨地给予我指导，让我有机会查阅空军档案材料并拜访了美国空军大学的几位历史学家。

在我写作本书的时候，戈德费恩将军退休了，布朗将军接替了他的职位。我在网上观看了两人的交接仪式，出席仪式的每名高层管理人员（从国防部长到参谋长联席会议主席）都先后发了言。时处美国近现代史上最喧嚣动荡的仲夏之一，交接仪式却将优雅、端庄和威仪表现得淋漓尽致。当初，“轰炸机黑手党”帮助美国创建了其真正伟大的国家机构之一，他们的影响至今犹在。

注　释

相关引文摘自作者与他们的访谈：

塔米 · 比德尔（Tami Biddle）
康拉德 · 克兰（Conrad Crane）
戴维 · 戈德费恩（David Goldfein）
罗伯特 · 赫什伯格（Robert Hershberg）
肯 · 伊斯雷尔（Ken Israel）
史蒂芬 · L. 麦克法兰（Stephen L. McFarland）
理查德 · 科恩（Richard Kohn）
约翰 · M. 刘易斯（John M. Lewis)
理查德 · 穆勒（Richard Muller）
罗伯特 · 尼尔（Robert Neer）
罗伯特 · 佩普（Robert Pape）

前言　更换指挥官

1. William Keighley, dir.,*Target Tokyo* (Culver City, CA: Army Air Forces First Motion Picture Unit, 1945)，参阅 https://www.pbs.org/wgbh/americanexperience/features/pacific-target-tokyo/。
2. 同上。
3. Sir Arthur Harris, *Bomber Offensive* (London: Collins, 1947; Barnsley, UK: Pen & Sword, 2005), 72–73. 引文参阅 Pen & Sword 版本。
4. Charles Griffith, *The Quest: Haywood Hansell and American Strategic Bombing in World War II*(Montgomery, AL: Air University Press, 1999), 189, 196.
5. 同上。
6. St. Clair McKelway, “A Reporter with the B-29s: III—The Cigar, the Three

Wings, and the Low-Level Attacks," *The New Yorker*, June 23, 1945, 36.

7. 同上。

第 1 章　诺登投弹瞄准器

1. Albert L. Pardini, *The Legendary Norden Bombsight* (Atglen, PA: Schiffer Publishing, 1999), 51.
2. Stephen L. McFarland, *America's Pursuit of Precision Bombing, 1910–1945* (Washington, DC: Smithsonian Institution Press, 1995), 52.
3. Robert Jackson, *Britain's Greatest Aircraft* (Barnsley, UK: Pen & Sword, 2007), 2.
4. Hugh Ahmann 为 United States Air Force Oral History Program 对 Donald Wilson 进行的采访，Carmel, CA, December 1975, Donald Wilson Papers, George C. Marshall Foundation, Lexington, VA。
5. Donald Wilson, *Wooing Peponi: My Odyssey Through Many Years* (Monterey, CA: Angel Press, 1973), 237.
6. 同上。
7. *Principles of Operation of the Norden Bombsight*，US Army Air Forces training movies 23251, 参阅 https://www.youtube.com/watch?app=desktop&feature=share&v=143vi97a4tY。
8. 同上。
9. *Bombs Away*，yearbook of the bombardier training school, class of 1944-46, Victorville Army Air Field, Victorville, CA, 16， 参阅 http://www.militarymuseum.org/Victorville%20AAF%2044-6.pdf。

第 2 章　陆军航空兵团战术学校

1. 20 世纪 70 年代女权运动的相关信息，参阅 Jill Lepore, *These Truths: A History of the United States* (New York: W. W. Norton, 2018), 652。
2. 1920 年 1 月 12 日，John J. Pershing 将军写给 Charles T. Menoher 将军的信，引自 *Report of the Director of Air Service to the Secretary of War* (Washington, DC: Government Printing Office, 1920), 11。
3. 同上。
4. Harold George，1970 年 10 月 23 日，为 United States Air Force Oral History Program 进行的采访，Clark Special Collections Branch, McDermott Library, United States Air Force Academy, Colorado Springs, CO。

5. 同上。
6. Donald Wilson，1975 年 12 月，Hugh Ahmann 为 United States Air Force Oral History Program 进行的采访，Donald Wilson Papers, George C. Marshall Foundation, Lexington, VA。
7. Carl H. Builder, *The Masks of War: American Military Styles in Strategy and Analysis* (Baltimore, MD: Johns Hopkins University Press, 1989), 34.
8. 1995 年 5—6 月，Betty J. Blum 为 Chicago Architects Oral History Project 对 Walter Netsch 进行的采访，Ernest R. Graham Study Center for Architectural Drawings, Art Institute of Chicago, 140，参阅 https://digital-libraries.artic.edu/digital/collection/caohp/id/18929。
9. 同上。
10. Donald Wilson，1975 年 12 月，Hugh Ahmann 为 United States Air Force Oral History Program 进行的采访，Donald Wilson Papers, George C. Marshall Foundation, Lexington, VA。
11. Phil Haun, ed.,*Lectures of the Air Corps Tactical School and American Strategic Bombing in World War II* (Lexington, KY: University Press of Kentucky, 2019), Google Books.

第 3 章 精确轰炸与区域轰炸

1. 除非另有说明，本章中关于艾拉·埃克的引用均来自对 Ira Eaker、Curtis LeMay、James Hodges、James Doolittle、Barney Giles 和 Edward Timberlake 的采访，记录于 1964 年，收藏于 Air Force Historical Research Agency, Montgomery, AL，参阅 http://airforcehistoryindex.org/data/001/019/301.xml。
2. Humphrey Jennings and Harry Watt, dirs.,*London Can Take It!* (London: GPO Film Unit, Ministry of Information, 1940), 参阅 https://www.youtube.com/watch?v=bLgfSDtHFt8。
3. Elsie Elizabeth Foreman oral history, December 1999, Imperial War Museums, London, 参阅 https://www.iwm.org.uk/collections/item/object/80018439。
4. Sylvia Joan Clark oral history, June 2000, Imperial War Museums, London, 参阅 https://www.iwm.org.uk/collections/item/object/80019086。
5. James Parton, *Air Force Spoken Here: General Ira Eaker and the Command of the Air* (Montgomery, AL: Air University Press, 2000), 152–53.
6. 弗雷德里克·林德曼与丘吉尔两人之间的友谊和 C.P. 斯诺演讲的相关资料在播客 *Revisionist History* 2017 年"The Prime Minister and the Prof"这一期中

有所呈现（http://revisionisthistory.com/episodes/15-the-prime-minister-and-the-prof)。对 C. P. 斯诺的引用来自 "Science and Government" (Godkin Lecture Series at Harvard University, November 30, 1960), WGBH Archives。关于丘吉尔和他在酒类上的花费，参阅 David Lough's *No More Champagne: Churchill and His Money* (New York: Picador, 2015), 240。

7. 关于"交互记忆"概念的更多信息，参阅 Daniel M. Wegner, Ralph Erber, and Paula Raymond, "Transactive Memory in Close Relationships," *Journal of Personality and Social Psychology* 61, no. 6 (1991): 923–29, 参阅 http://citeseerx.ist.psu.edu/viewdoc/download?doi=10.1.1.466.8153&rep=rep1&type=pdf。
8. Frederick Winston Furneaux Smith, Earl of Birkenhead, *The Prof in Two Worlds: The Official Life of Professor F. A. Lindemann, Viscount Cherwell*(London: Collins, 1961), 116.
9. Roy Harrod, *The Prof: A Personal Memoir of Lord Cherwell* (London: Macmillan, 1959), 72, 73.
10. 同上。
11. *Defence: World War II; Air Marshal Harris on Bombing Raids*, Reuters, British Paramount newsreel, 1942, 参阅 https://youtu.be/fdoUZtCbsW8?t=32。
12. 关于科隆轰炸袭击所造成的破坏，参阅 Max G. Tretheway, "1,046 Bombers but Cologne Lived," *New York Times*, June 2,1992, 参 阅 https://www.nytimes.com/1992/06/02/opinion/IHT-1046-bombers-but-cologne-lived.html。
13. Henry Probert, *Bomber Harris: His Life and Times; The Biography of Marshal of the Royal Air Force Sir Arthur Harris, Wartime Chief of Bomber Command* (London: Greenhill Books, 2001), 154–55.
14. Mark Andrews 对 Arthur Harris 的采访，British Forces Broadcasting Service, 1977, Imperial War Museums, London, 参阅 https://www.iwm.org.uk/collections/item/object/80000925。
15. 同上。

第 4 章　双重任务

1. Charles Griffith, *The Quest: Haywood Hansell and American Strategic Bombing in World War II* (Montgomery, AL: Air University Press, 1999), 34. 汉塞尔为机组人员演唱《空中飞人》的描述在书中第 120 页，他邂逅、追求妻子的故事在第 32~33 页。
2. Ralph H. Nutter, *With the Possum and the Eagle: The Memoir of a Navigator's*

War Over Germany and Japan (Denton, TX: University of North Texas Press, 2005), 216.

3. Miguel de Cervantes, *The Ingenious Gentleman Don Quixote of La Mancha, Volume 1*, trans. John Ormsby (London: Smith, Elder & Co., 1885), 参阅 https://www.gutenberg.org/files/5921/5921-h/5921-h.htm。
4. 1967 年 4 月 19 日，海伍德·汉塞尔在美国空军学院的讲话 , Clark Special Collections Branch, McDermott Library, United States Air Force Academy, Colorado Springs, CO。
5. 同上。
6. 1943 年采访柯蒂斯·李梅的内容引自 *First U.S. Raid on Germany*, Reuters, British Pathé newsreel, 1943, 参阅 https://www.youtube.com/watch?v=YgO6DX_9z0I。
7. 阿尔弗雷德·赫尔利对拉塞尔·多尔蒂的采访 , Arlington, VA, May 24, 2004, University of North Texas Library, Denton, TX, 参阅 https://digital.library.unt.edu/ark:/67531/metadc306813/。
8. 除非另有说明，本章中关于李梅的引用均来自 1965 年 3 月为作口述历史而对柯蒂斯·李梅进行的采访，Air Force Historical Research Agency, Montgomery, AL, 参阅 http://airforcehistoryindex.org/data/001/000/342.xml。
9. Errol Morris, dir.,*The Fog of War: Eleven Lessons from the Life of Robert S. McNamara* (New York: Sony Pictures Classics, 2003).
10. 引自柯蒂斯·李梅的回忆录：Oral History, 1971 (Air Force Academy Project, Columbia Center for Oral History, Columbia University Libraries, New York, NY)。
11. 同上。
12. 同上。
13. Curtis E. LeMay with MacKinlay Kantor, *Mission with LeMay: My Story*(New York: Doubleday, 1965), 150.
14. *The Air Force Story: Chapter XIV—Schweinfurt and Regensburg, August 1943*, 空军部制作 , 1953, 参阅 https://www.youtube.com/watch?v=dB8C-CagZeU。
15. 同上。

第 5 章　双倍下注

1. 有关施韦因富特—雷根斯堡袭击的更多信息，参阅 Thomas M. Coffey, *Decision Over Schweinfurt: The U.S. 8th Air Force Battle for Daylight Bombing* (New York: David McKay, 1977)。

2. 除非另有说明，本章中关于柯蒂斯·李梅的引用均来自 Reminiscences of Curtis E. LeMay: Oral History, 1971 (Air Force Academy Project, Columbia Center for Oral History, Columbia University Libraries, New York, NY)。
3. Lieutenant Colonel Beirne Lay Jr., "I Saw Regensburg Destroyed," *Saturday Evening Post*, November 6, 1943.
4. *The Air Force Story: Chapter XIV—Schweinfurt and Regensburg, August 1943*, 空军部制作 , 1953, 参阅 https://www.youtube.com/watch?v=dB8C-CagZeU。
5. 同上。
6. 关于库格费西滚珠轴承制造厂在空袭之后的状况，参阅 Thomas M. Coffey, *Decision Over Schweinfurt: The U.S. 8th Air Force Battle for Daylight Bombing* (New York: David McKay, 1977), 81。
7. *The United States Strategic Bombing Survey: Summary Report: European War*, September 30, 1945, 6, 参阅 https://www.google.com/books/edition/The_United_States_Strategic_Bombing_Surv/EfEdkyz_D0AC?hl=en&gbpv=1。
8. Henry King, dir.,*Twelve O'Clock High* (Los Angeles: 20th Century Fox, 1949).
9. National WWII Museum, *George Roberts 306th Bomb Group*, 参阅 https://www.youtube.com/watch?v=fRO1R7Op1ec。
10. Alan Harris, ed., "The 1943 Munster Bombing Raid in the Words of B-17 Pilot Keith E. Harris (1919–1980)," AlHarris.com, 参阅 http://www.alharris.com/stories/munster.htm。
11. 面临军事法庭审判的领航员的逸事引自 Seth Paridon, "Mission to Munster," National WWII Museum, November 20, 2017, 参阅 https://www.nationalww2museum.org/war/articles/mission-munster; and Ian Hawkins, *Munster: The Way It Was* (Robinson Typographics, 1984), 90。
12. Ralph H. Nutter, *With the Possum and the Eagle: The Memoir of a Navigator's War Over Germany and Japan* (Denton, TX: University of North Texas Press, 2005), 137.
13. 引自 1973 年 Christopher Evans 博士为 the Brain Science Briefing series 对利昂·费斯汀格进行的采访，参阅 https://soundcloud.com/user-262473248/a-sixty-minute-interview-with-leon-festinger。
14. 同上。
15. Leon Festinger, Henry W. Riecken, and Stanley W. Schachter, *When Prophecy Fails: A Social and Psychological Study of a Modern Group That Predicted the Destruction of the World* (Minneapolis: University of Minnesota Press, 1956), 3, 162–63.

16. 同上。

17. 引自 1973 年 Christopher Evans 博士为 the Brain Science Briefing series 对利昂·费斯汀格进行的采访，参阅 https://soundcloud.com/user-262473248/a-sixty-minute-interview-with-leon-festinger。

18. Charles Griffith, *The Quest: Haywood Hansell and American Strategic Bombing in World War II* (Montgomery, AL: Air University Press, 1999), 132.

19. Albert Speer, *Inside the Third Reich: Memoirs by Albert Speer* (New York: Simon and Schuster, 1997), 286.

第 6 章 梦想破碎

1. Chris Simon 为 Veterans History Project 对梅尔文·道尔顿进行的采访，American Folklife Center, Library of Congress, June 11, 2003, 参阅 https://memory.loc.gov/diglib/vhp/story/loc.natlib.afc2001001.33401/sr0001001.stream。

2. Jerri Donohue 对维维安·斯拉文斯基的采访，Veterans History Project, American Folklife Center, Library of Congress, n.d., 参阅 https://memory.loc.gov/diglib/vhp/story/loc.natlib.afc2001001.46299/sr0001001.stream。

3. 1945 年 2 月 5 日柯蒂斯·李梅写给海伦·李梅的信，Benjamin Paul Hegi, *From Wright Field, Ohio, to Hokkaido, Japan: General Curtis E. LeMay's Letters to His Wife Helen, 1941–1945* (Denton, TX: University of North Texas Press, 2015), 319。

4. 本章中有关海伍德·汉塞尔及其手下飞行员的引用，除非另有注明，均引自 1967 年 4 月 19 日海伍德·汉塞尔在美国空军学院的讲话，Clark Special Collections Branch, McDermott Library, United States Air Force Academy, Colorado Springs, CO。

5. Charles Griffith, *The Quest: Haywood Hansell and American Strategic Bombing in World War II* (Montgomery, AL: Air University Press, 1999), 175.

6. Curtis LeMay and Bill Yenne, *Superfortress: The Boeing B-29 and American Air Power in World War II* (New York: McGraw-Hill, 1988), 72.

7. 阿尔弗雷德·赫尔利对戴维·布雷登的采访，Dallas, TX, February 4, 2005, University of North Texas Library, Denton, TX, 参阅 https://digital.library.unt.edu/ark:/67531/metadc306702/?q=david%20braden。

8. 同上。

9. 40th Bomb Group Association, "An Ersatz Tokyo Rose Intro," 参阅 http://40thbombgroup.org/sound2.html。

10. Reminiscences of Curtis E. LeMay: Oral History, 1971 (Air Force Academy

Project, Columbia Center for Oral History, Columbia University Libraries, New York, NY).

11. 关于“圣安东尼奥 1 号”和其他轰炸任务的情况，参阅 *The Army Air Forces in World War II*, ed. Wesley Frank Craven and James Lea Cate, vol. 5, *The Pacific: Matterhorn to Nagasaki, June 1944 to August 1945* (Washington, DC: Office of Air Force History, 1983),557, 参阅 https://media.defense.gov/2010/Nov/05/2001329890/-1/-1/0/AFD-101105-012.pdf; 以及 Harry A. Stewart, John E. Power, and United States Army Air Forces, “The Long Haul: The Story of the 497th Bomber Group (VH)” (1947). World War Regimental Histories. 106. http://digicom.bpl.lib.me.us/ww_reg_his/106。
12. William Keighley, dir.,*Target Tokyo* (Culver City, CA: Army Air Forces First Motion Picture Unit, 1945), 参阅 https://www.pbs.org/wgbh/americanexperience/features/pacific-target-tokyo/。
13. 艾德 · 希亚特中尉的话引自 Elaine Donnelly Pieper and John Groom, dirs.,*The Jet Stream and Us* (Glasgow: BBC Scotland, 2008)。
14. 气象气球的相关信息引自 “Weather Balloons,” Birmingham, Alabama, Weather Forecast Office, National Weather Service, 参阅 https://www.weather.gov/bmx/kidscorner_weatherballoons。
15. 喷射气流、罗斯贝波和飞行员威利 · 波斯特的相关信息引自 “The Carl-Gustaf Rossby Research Medal,” American Meteorological Society, 参阅 https://www.ametsoc.org/index.cfm/ams/about-ams/ams-awards-honors/awards/science-and-technology-medals/the-carl-gustaf-rossby-research-medal/; “Post, Wiley Hardeman,” National Aviation Hall of Fame, 参阅 https://www.nationalaviation.org/our-enshrinees/post-wiley-hardeman/; 以及 Tom Skilling, “Ask Tom Why: Who Coined the Term Jet Stream and When?,” *Chicago Tribune*, September 23, 2011。
16. Luke 4:1–2 and Luke 4:5–7, English Standard Version。
17. 同上。

第 7 章　凝固汽油弹

1. 霍伊特 · 霍特尔的话引自 James J. Bohning 对他的采访，Cambridge, MA, November–December 1985, Center for Oral History, Science History Institute, 参阅 https://oh.sciencehistory.org/oral-histories/hottel-hoyt-c。
2. 关于路易斯 · 菲泽的内容引自 Louis F. Fieser, *The Scientific Method: A Personal Account of Unusual Projects in War and in Peace* (New York: Reinhold, 1964)。

3. 威廉·多林的话引自 James J. Bohning 对他的采访，Philadelphia, PA, and Cambridge, MA, November 1990 and May 1991, Center for Oral History, Science History Institute, 参阅 https://oh.sciencehistory.org/oral-histories/doering-william-von-eggers。
4. 更多关于凝固汽油弹问世的信息，参阅 Robert M. Neer, *Napalm: An American Biography* (Cambridge, MA: Belknap Press, 2015)。
5. Charles L. McNichols and Clayton D. Carus, "One Way to Cripple Japan: The Inflammable Cities of Osaka Bay," *Harper's Magazine* 185, no. 1105 (June 1942): 33.
6. 关于杜格威试验场试验的更多信息，参阅 Standard Oil Development Company, "Design and Construction of Typical German and Japanese Test Structures at Dugway Proving Ground, Utah" (1943), https://drive.google.com/file/d/1eiqYwvJNSY-ZpUsNQozwBISyQv_z4Uzb/view。
7. 关于国防研究委员会对燃烧弹的分析，参阅 National Defense Research Committee, *Summary Technical Report of Division 11,* vol. 3, *Fire Warfare: Incendiaries and Flame Throwers* (Washington, DC, 1946), https://www.japanairraids.org/?page_id=1095。
8. *M-69 Incendiary Bomb*, Department of Defense combat bulletin no. 48, PIN 20311, 1945, 参阅 https://www.youtube.com/watch?v=uPteVZyF4U0。
9. Transcript of Interview with Major General J. B. Montgomery, Los Angeles, CA, August 8, 1974, Clark Special Collections Branch, McDermott Library, US Air Force Academy, Colorado Springs, CO.
10. 同上。
11. Charles Griffith, *The Quest: Haywood Hansell and American Strategic Bombing in World War II* (Montgomery, AL: Air University Press, 1999), 182.
12. William W. Ralph, "Improvised Destruction: Arnold, LeMay, and the Firebombing of Japan," *War in History* 13, no. 4 (2006): 517, doi:10.1177/0968344506069971.

第 8 章　空袭东京

1. 本章和其他地方引用的许多第一手资料都取自 Japan Air Raids (https://www.japanairraids.org/)，一部由加利福尼亚大学尔湾分校东亚史助理教授 David Fedman 和 Cary Karacas 管理的双语历史档案。
2 Curtis E. LeMay with MacKinlay Kantor, *Mission with LeMay: My Story* (New York: Doubleday, 1965), 13–14, 351.

3. 阿尔弗雷德·赫尔利对戴维·布雷登的采访，Dallas, TX, February 4, 2005, University of North Texas Library, Denton, TX，参阅 https://digital.library.unt.edu/ark:/67531/metadc306702/?q=david%20braden。
4. 1967 年 4 月 19 日海伍德·汉塞尔在美国空军学院的讲话，Clark Special Collections Branch, McDermott Library, United States Air Force Academy, Colorado Springs, CO。
5. 除非另有说明，本章中关于柯蒂斯·李梅的引用均来自 Reminiscences of Curtis E. LeMay: Oral History, 1971 (Air Force Academy Project, Columbia Center for Oral History, Columbia University Libraries, New York, NY)。
6. *First U.S. Raid on Germany*, Reuters, British Pathé newsreel, 1943，参阅 https://www.youtube.com/watch?v=YgO6DX_9z0I。
7. Curtis LeMay oral history interview, March 1965, Air Force Historical Research Agency, Montgomery, AL.
8. Emily Newburger, "Call to Arms," *Harvard Law Today*, October 1, 2001，参阅 https://today.law.harvard.edu/feature/call-arms/。
9. 1945 年 3 月 12 日，柯蒂斯·李梅写给海伦·李梅的信，Benjamin Paul Hegi, *From Wright Field, Ohio, to Hokkaido, Japan: General Curtis E. LeMay's Letters to His Wife Helen, 1941–1945* (Denton, TX: University of North Texas Libraries, 2015), 330。
10. St. Clair McKelway, "A Reporter with the B-29s: III—The Cigar, the Three Wings, and the Low-Level Attacks," *The New Yorker*, June 23, 1945, 26–39.
11. Curtis E. LeMay with MacKinlay Kantor, *Mission with LeMay: My Story* (New York: Doubleday, 1965), 13–14, 351.
12. Barbara W. Sommer 对简·李梅·洛奇的采访，San Juan Capistrano, CA, September 10, 1998, Nebraska State Historical Society，参阅 http://d1vmz9r13e2j4x.cloudfront.net/nebstudies/0904_0302jane.pdf。
13. George Slatyer Barrett, *The Temptation of Christ* (Edinburgh: Macniven& Wallace, 1883), 48.
14. Curtis LeMay oral history interview, March 1965, Air Force Historical Research Agency, Montgomery, AL.
15. 关于 1945 年 3 月 10 日东京大轰炸所产生的影响，参阅 R. Cargill Hall, ed.,*Case Studies in Strategic Bombardment* (Washington, DC: Air Force History and Museums Program, 1998), 319, https://media.defense.gov/2010/Oct/12/2001330115/-1/-1/0/AFD-101012-036.pdf。
16. David Fedman, "Mapping Armageddon: The Cartography of Ruin in Occupied

Japan," *The Portolan* 92 (Spring 2015): 16.

17. United States Strategic Bombing Survey, *A Report on Physical Damage in Japan*, June 1947, 95, 参阅 https://dl.ndl.go.jp/info:ndljp/pid/8822320。
18. 阿尔弗雷德·赫尔利对戴维·布雷登的采访，Dallas, TX, February 4, 2005, University of North Texas Library, Denton, TX, 参阅 https://digital.library.unt.edu/ark:/67531/metadc306702/?q=david%20braden。

第 9 章　即兴毁灭

1. 1945 年春李梅对日本进行轰炸的相关信息，参阅 C. Peter Chen, "Bombing of Tokyo and Other Cities: 19 Feb 1945–10 Aug 1945," World War II Database, https://ww2db.com/battle_spec.php?battle_id=217。
2. Curtis E. LeMay with MacKinlay Kantor, *Mission with LeMay: My Story* (New York: Doubleday, 1965), 388.
3. 除非另有说明，本章中关于柯蒂斯·李梅的引用均来自 Oral History, 1971 (Air Force Academy Project, Columbia Center for Oral History, Columbia University Libraries, New York, NY)。
4. 史迪威 1945 年 9 月 1 日的日记，引自 Jon Thares Davidann, *The Limits of Westernization: American and East Asian Intellectuals Create Modernity, 1860—1960* (New York: Taylor & Francis, 2019), 208。
5. Mark Selden, "A Forgotten Holocaust: US Bombing Strategy, the Destruction of Japanese Cities, and the American Way of War from World War II to Iraq," *Asia-Pacific Journal: Japan Focus* 5, no. 5 (May 2, 2007), 参阅 https://apjjf.org/-Mark-Selden/2414/article.html。
6. 同上。
7. Ronald Schaffer, *Wings of Judgment: American Bombing in World War II* (Oxford, UK: Oxford University Press, 1985), 180.
8. Erik Slavin, "When the President Said Yes to the Bomb: Truman's Diaries Reveal No Hesitation, Some Regret," *Stars and Stripes*, August 5, 2015.
9. William W. Ralph, "Improvised Destruction: Arnold, LeMay, and the Firebombing of Japan," *War in History* 13, no. 4 (2006): 517, doi:10.1177/0968344506069971.
10. Robert Trumbull, "Honor to LeMay by Japan Stirs Parliament Debate," *New York Times*, December 8, 1964, 参阅 https://timesmachine.nytimes.com/timesmachine/1964/12/08/99401959.html?pageNumber=15。
11. 乔治·C. 马歇尔和欧内斯特·J. 金两人之争的相关信息，引自 Richard B.

Frank, "No Recipe for Victory," National WWII Museum, August 3, 2020, 参阅 https://www.nationalww2museum.org/war/articles/victory-in-japan-army-navy-1945。

12. Warren Kozak, *LeMay: The Life and Wars of General Curtis LeMay* (Washington, DC: Regnery Publishing, 2009), 341.

结语　战役与战争

1. 有关联合国禁止使用燃烧武器的相关信息，引自 "Protocol III to the Convention on Prohibitions or Restrictions on the Use of Certain Conventional Weapons Which May Be Deemed to Be Excessively Injurious or to Have Indiscriminate Effects," United Nations Office for Disarmament Affairs Treaties Database, 参阅 http://disarmament.un.org/treaties/t/ccwc_p3/text。